Fr. Breier

Einladungen zu den auf den 21., 22. und 23. März 1866

angeordneten öffentlichen Prüfungen und Redeübungen ...

Fr. Breier

Einladungen zu den auf den 21., 22. und 23. März 1866 angeordneten öffentlichen Prüfungen und Redeübungen ...

ISBN/EAN: 9783743483873

Hergestellt in Europa, USA, Kanada, Australien, Japan

Cover: Foto ©Paul-Georg Meister /pixelio.de

Manufactured and distributed by brebook publishing software (www.brebook.com)

Fr. Breier

Einladungen zu den auf den 21., 22. und 23. März 1866 angeordneten öffentlichen Prüfungen und Redeübungen ...

Einladung

zu den

auf den 21ten, 22ten und 23ten März 1866

angeordneten

öffentlichen Prüfungen und Redeübungen

der Schüler des Catharineums in Lübeck,

von

Fr. Breier,
Director und Professor.

Inhalt:

1) Beiträge zur Berichtigung der Karte des alten Siciliens, von Ad. Holm.
2) Schulnachrichten.

Lübeck 1866.
Gedruckt in der Rathsbuchdruckerei.

Herrn Dr. Julius Schubring.

Die schöne Insel, zu deren gründlichsten Kennern Sie, Herr Doctor, gehören, ist von den Alterthumsforschern in neuerer Zeit nicht der Aufmerksamkeit gewürdigt worden, die sie durch die Fülle der auf ihr erhaltenen Monumente und durch ihre Bedeutung für die Weltgeschichte verdient hätte. Es ist daher als ein sehr erfreuliches Ereigniss zu begrüssen, dass es Ihnen vergönnt war, auf längeren Reisen den grössten Theil Siciliens mit eigenen Augen zu schauen, und wir dürfen mit lebhaftem Verlangen der Veröffentlichung der von Ihnen neuerdings gewonnenen Resultate entgegensehen, die ohne Zweifel in noch höherem Grade als Ihre ersten Aufsätze zur Bereicherung der Wissenschaft beitragen werden. Dennoch bleibt auf diesem Gebiete auch für diejenigen, welche das Land nicht selbst bereisen können, mancherlei zu thun übrig. Es sind Irrthümer aufzuklären, zu deren Beseitigung eine gründliche Prüfung der antiken Texte erforderlich ist, eine Arbeit, die mit besserem Erfolg in Deutschland vorgenommen werden kann, als an den meisten Orten Siciliens, dessen Bibliotheken nicht alle die dazu erforderlichen Hülfsmittel besitzen. So bedarf unter andern die Karte des alten Siciliens dringend einer Revision, die ich auf Grund der Quellen in den folgenden Blättern versuchen will. Seit längerer Zeit, wie Sie wissen, mit der Ausarbeitung einer Geschichte Siciliens im Alterthum beschäftigt, habe ich auch die Grundlage derselben, die Geographie der Insel, bearbeiten müssen. Die bei dieser Gelegenheit gewonnenen Ergebnisse sind es, die ich, mit Ausschluss aller rein topographischen Bemerkungen, etwas ausführlicher als es in einem grössern Werke möglich sein würde, Ihnen hier vorlege. Sie sind allerdings theilweise mehr negativer als positiver Natur, aber es hat doch auch seinen Nutzen, den Boden zu säubern und zu ebnen, auf dem dann um so besser manche positive Vermehrung unserer Kenntnisse, wie Sie sie zu bieten im Stande sind, sich aufbauen wird.

Lübeck, im December 1865.   H.

I.

Es ist nicht ohne Interesse, zu sehen, wie allmählich die Karte des alten Siciliens ihr gegenwärtiges Aussehen erhalten hat. Nicht der kurzen, aber energischen Thätigkeit weniger Jahrzehende, die für die Karte von Hellas genügt hat, verdankt sie ihr Entstehen; seit Jahrhunderten arbeitet man daran, wenn auch nicht immer mit gleichem Eifer und gleicher Gründlichkeit.

Die Anfänge der sicilischen Alterthumsforschung fallen in die erste Hälfte des sechzehnten Jahrhunderts. Ein syrakusanischer Patricier, Cl. Mar. Arezzo, der den Titel eines Historiographen Kaiser Karls V. führte, schrieb ein kleines, der Gemahlin des Vicekönigs Ferdinand Gonzaga, Fürsten von Molfetta, gewidmetes Buch, das er Chorographia, s. de situ Insulae Siciliae betitelte und in dem er, bei seiner kurzen Besprechung der wichtigeren Städte, stets eine besondere Rücksicht auf ihre alte Geschichte nahm. Eine nach seinen Angaben entworfene Karte des alten Siciliens würde gegenwärtig gänzlich unbrauchbar sein. Es sind die ersten schwachen Versuche geographischer Forschung, die hier zu Tage treten. Insbesondere wird mit dem auch später nur zu häufig falsch angewandten, an sich richtigen Grundsatze, dass Namensähnlichkeit ein gutes Hülfsmittel bei der Bestimmung antiker Orte darbietet, grosser Missbrauch getrieben. So ist für Arezzo Vicari, das weit aufwärts am Terminiflusse, mitten im Lande liegt, das alte Hykkara, welches bei Thukydides deutlich als Seestadt charakterisirt ist. Palazzolo ist ihm Patioros, Calatagirone das von Duketios gegründete Kalakte, Salemi soll aus Selinus entstanden sein und Mazzarino muss sowohl das alte Maktorion, als auch den Ort vertreten, dessen Gebiet Cicero ager Mucharensis nenne. Eine auf nicht besseren Stützen ruhende Angabe Arezzo's, dass Kakyron das jetzige Cassaro sei, hat sich, von einem Geographen zum andern fortgepflanzt, selbst in die neuesten Karten einzudrängen gewusst, während doch kein Zweifel darüber obwalten kann, dass der aus dem arabischen kasr, Schloss, herstammende Name Cassaro, den bekanntlich auch die Hauptstrasse von Palermo führt, mit Kakyron nichts zu thun hat. Der sichere Gewinn, den die Wissenschaft aus dem Buche Arezzo's ziehen kann, ist gering. Von Flüssen bestimmt er richtig: den Fluss von Panormos, den alten Orethos, der früher Ammiraglio genannt wurde, und jetzt wieder Oreto heisst, den wenige Millien östlich von Jenem die reich bebaute Ebene durchströmenden Bagaria, den Eleutheros der Alten, den aus Cicero bekannten Chrysas, der bei Assoros floss, den heutigen Dittaino, ferner die Flüsse des syrakusanischen Gebietes, sowohl den Anapos, wie die bei Gelegenheit des unglücklichen Rückzugs der Athener erwähnten Kakyparis, Erineos, Assinaros, endlich von den Flüssen der Südseite den Hirminius, jetzt Ragusa, und den südlichen Himera, den er freilich mit einem von Manchen noch heutzutage gehegten Irrthum für identisch mit dem Gela hält. Von den hellenischen Städten mussten die meisten wohl richtig angesetzt werden, da sie noch unter denselben oder ähnlichen Namen blühten; bei denen aber, welche nicht mehr bewohnt waren oder ihre Namen vollständig verändert hatten, irrte er, gleich seinen Zeitgenossen. Von Selinus, Heraklea und Gela wird bald die Rede sein; Megara, meinte er, müsse an der Stelle von Augusta gelegen haben, eine Ansicht, die, wenn sie gleich irrig ist, doch auf so vernünftigen Gründen beruht — einer richtigen Würdigung der trefflichen Lage dieser Inselstadt — dass sie auch in neuerer Zeit Anhänger gefunden hat. Bei Akrae und Kasmenae sind es dagegen wieder Namensähnlichkeiten, die ihn zu falschen Bestimmungen veranlassten. Jenes soll durch Vermittlung von Acraemons und Claramons das heutige Chiaramonte, und Kasmenae Comiso geworden sein. Unter den Städten nicht griechischen Ursprungs gab es Manche, bei denen die Tradition der Einwohner, unterstützt durch die Namensähnlichkeit, keinen Zweifel über ihre antike Benennung aufkommen liess, und diese sind denn auch von Arezzo richtig angegeben. Um zu wissen, dass Palermo Panormos hiess, bedurfte es keiner Gelehrsamkeit; aber ebenso leicht wurden wieder erkannt: Solocis in Solanto, Kephaloedion in Cefalu, Tyndaris in S. Maria di Tindaro, Agyrion (Arezzo sagt Agyra) in S. Filippo d'Argiro, Hadranon in Aderno, Kapytion in Capizzi, Assoros in Azaro, Kentoripa in Centorbi, Motyka in Modica, Enna in Castrogiovanni (Castrum Ennae) Amestratos oder Mytistraton in Mistretta; und dass Lilybaeon Marsala, Eryx S. Giuliano geworden war, darüber konnte in Sicilien kein Zweifel obwalten. Ausserdem ist Arezzo der späteren Tradition, oder wenigstens vereinzelten Annahmen Späterer vorangegangen mit der Behauptung, dass Nicosia das alte Herbita war, Gangi Engyon, Gagliano Galaria und Pollina Apollonia. Wie beschränkt seine Kenntnisse und unsicher sein Urtheil waren, sieht man daraus, dass er unter einer Anzahl von Städten, die er nicht zu bestimmen vermag, auch Agurium aufführt, ohne die Identität dieses Namens mit dem von ihm richtig erkannten Agyra zu bemerken[1]).

Einen sehr bedeutenden Fortschritt machte die sicilische Geographie durch Tom. Fa- zello. Dieser um die Wissenschaft hochverdiente Dominicanermönch, der 1490 zu Sciacca geboren wurde und 1570 zu Palermo gestorben ist, beschäftigte sich in seinen Mussestunden mit dem Studium der alten Geschichte seiner heimathlichen Insel, und benutzte die Reisen, die er in Ordensangelegenheiten durch Sicilien zu machen hatte, zugleich zur Erforschung der Ueberreste des Alterthums. Sein Werk, das nach längeren Vorbereitungen 1558 erschien, umfasst in zwei Dekaden die Geographie und Geschichte der Insel. Gegenüber der höchst fragmentarischen Kenntniss der alten Schriftsteller, die Aretius verräth, finden wir bei Fazell eine umfassende und für die damalige Zeit gründliche Belesenheit in denselben. Was nun seine Verdienste um die Verbesserung der Karte des alten Siciliens betrifft, so tritt uns bei ihm zuerst eine genauere Berücksichtigung der Küstenlinien mit ihren Vorgebirgen und Buchten entgegen, von denen manche Namen durch Fazell richtig bestimmt worden sind. Dem entsprechend mehrt sich auch die Zahl der richtig benannten Flüsse, die bei Aretius noch sehr gering war. So finden den ihnen gebührenden Platz der Amenanos, der wenig sichtbare Fluss von Catana, der in der Sage vorkommende Pantagias, der jetzige Porcari, der Mylas (j. Marcellino), der Alabon, wenn es nach gewöhnlicher Annahme der Cantara ist, der Motychanos (j. Scicli), die zwei Flüsse von Camarina, der Oanis (bei ihm noch Oanos) und der Hipparis, (j. Frascolaro und Camarana) der Lykos oder

Halykos (Platani), der westliche (selinuntische) Hypsas (Belici), der Selinus (Madiuni), der Mazara, der jetzt ebenso heisst, der Krimisos (S. Bartolomeo) der Bathys (j. Jati oder Flati) der Himera (F. Grande), der Monalos (Pollina), der Helikon (Olivero).

Von den griechischen Städten hat er die meisten richtig bestimmt. Megara findet er zwischen den Flüssen Cantara und S Gusmano am Meeresufer, Akrae auf der luftigen Höhe oberhalb Palazzolo, Himera östlich von Termini, beim Thurme Bonfornello; Bestimmungen, die man mit Unrecht später umzustossen versucht hat. Bei Heraklea hatte er, um das Richtige zu finden, nicht blos mündliche Traditionen zu bekämpfen; es war die Behauptung der Einwohner von Terranova, dass ihre Stadt das alte Heraklea gewesen sei, bereits in die amtliche Sprache königlicher Dokumente übergegangen. Fazell zeigte aus den alten Schriftstellern, dass Heraklea weit westlich von Terranova, zwischen Akragas und Selinus gelegen haben müsse, da, wo das weisse Vorgebirge (C. Bianco) links von der Mündung des Platani in's Meer hinausragt. Am meisten Mühe machte dem eifrigen Manne aber die Bestimmung der Lage von Selinus, und so war seine Freude um so grösser, als es ihm endlich gelang, die Geographie von Sicilien in diesem wichtigen Punkte zu berichtigen. Er erzählt mit gerechtem Stolz bei der Besprechung von Selinus seine Entdeckung. Es behaupteten nämlich die Einwohner von Mazzara, dass ihre Stadt das alte Selinus sei; welcher Stadt gehörten dann aber die gewaltigen Ruinen an, die links von der Mündung des Madiuni in wildem Durcheinander sichtbar waren? Längere Zeit verschob Fazell, da er dies Räthsel nicht lösen konnte, die Herausgabe seines Werkes. Als er nun 1549 in Ordensgeschäften und um Fastenpredigten zu halten, sich in Mazzara aufhielt, und dort nach bedeutenderen Ueberresten des Alterthums forschte, vermochte ihm Niemand sie nachzuweisen und er erhielt auf seine Frage, aus welchen Gründen man denn Mazzara für Selinus erkläre, von den gelehrtesten Männern der Stadt keine andere Antwort, als dass die Vorfahren es so überliefert hätten. Da wurde sein Glaube an die Identität der beiden Orte erschüttert; dass aber der Name Selinus den Ruinen am Madiuni beigelegt werden müsse, das ward ihm erst am 22. Septbr. 1551 klar, als ihm zum ersten Male das dreizehnte (er sagt irrthümlich das vierzehnte) Buch Diodor's in die Hände kam, in welchem berichtet wird, wie der karthagische Feldherr Hannibal, von Lilybaeon ausziehend, nach der Einnahme der Hafenstadt am Flusse Mazaras nach Selinus gelangte, das er angreifen sollte. ,,Als ich'', sagte er, ,,um die vierte Stunde der Nacht diese Worte las und ihren Sinn begriff, konnte ich mich kaum vor Freude fassen, weil es mir schien, dass ich eine so grosse Stadt vom Tode erweckt habe''.

Unbestimmt lässt Fazell von den Griechenstädten eigentlich nur Kasmenae, doch missbilligt er ausdrücklich die Annahme des Arezzo und nennt selbst den Ort zwischen Biscari und Butera, was schwerlich passt.

Von den nicht hellenischen Städten der Insel haben durch ihn ihren richtigen Platz angewiesen erhalten: im Osten Heloros, nördlich von der Mündung des Abisso, Neeton, jetzt Noto (Fazell hält jedoch irriger Weise Neae für identisch mit Neeton), Menae, j. Mineo; im Westen Mazara, die Bergfesten Triokala, Entella, Jetae, sodann Hykkara und endlich Segesta. Die richtige Bestimmung der Lage Segesta's ist die zweite glänzende Entdeckung Fazell's. ,,Da von den Resten dieser Stadt'', sagt er mit Selbstgefühl, ,,vor mir meine Landsleute nichts wussten, — denn mit grosser Unkenntniss meinten sie, Conterrana sei Segesta gewesen —'' (Conterrana ist ein Felsen am Cap S. Vito) „habe ich durch die Vergleichung der Schriftstellen und deutliche Beweisgründe den Namen vom Untergange gerettet."

Neben der Menge von richtigen Bestimmungen, die wir Fazell verdanken, fehlt es auch nicht an falschen. Er nimmt ein doppeltes Motye an, eins, durch Pausanias verführt, am Vorgebirge Pachynos, das andere bei Sferracavallo nahe dem Cap Gallo; Inykon soll östlich von Kamarina gelegen haben, Murgantia am Meere, Gela ist ihm Licata; er glaubt an eine Stadt Elyma u. a. m. Wenn er bei diesen Annahmen sich theilweise auf antike Schriftsteller stützen konnte, von denen er nur nicht einsah, dass sie sich geirrt hatten, oder in ungenauer Ueberlieferung auf uns gekommen waren, so hat ihn in andern Fällen mangelhaftes Verständniss der antiken Texte zu Irrthümern verführt, wie wenn er bei Diod. IV. 79, wo von einer „festen" Stadt die Rede ist, eine Stadt Namens Ochyra erwähnt findet [2]).

Im Allgemeinen kann man nicht verkennen, dass das Meiste von dem, was auf der Karte des antiken Siciliens wirklich vollkommen sicher ist, bereits von Fazell festgestellt wurde, der nur in viel Wahres einiges Falsche mischte. Die Aufgabe derer, die nach ihm über sicilische Geographie forschen wollten, bestand demnach hauptsächlich darin, durch eine noch gründlichere Benutzung der alten und besonders der griechischen Schriftsteller, deren Sprache Fazell nicht so geläufig gewesen war, wie die lateinische, und deren Texte noch mancher Säuberung bedurften, die von dem Dominicanermönch von Sciacca gelassenen Lücken auszufüllen.

Dieser Aufgabe unterzog sich in trefflichster Weise Phil. Cluver, geb. zu Danzig 1580, gest. zu Leyden 1623, ein Mann, dessen Verdienste um die alte Geographie, die seine Zeitgenossen wohl zu würdigen wussten, neuerdings etwas in Vergessenheit gerathen sind, von dem aber alle, die sich mit dem alten Sicilien beschäftigen, nur mit der grössten Achtung reden können. Er hat die Insel zu Fuss umwandert — die Strecke von Cefalu nach Palermo, 48 Millien, hat er, nach seiner eigenen Versicherung, an einem einzigen Apriltage zurückgelegt — aber seine Bedeutung liegt nicht in der Benutzung dessen, was er durch eigene Anschauung lernte, denn für die Schilderung von Localitäten citirt er fast immer Fazell's Worte, sie liegt in der musterhaften Weise, in der er die über sicilische Geographie handelnden Worte der Alten zusammengestellt, von Fehlern gesäubert, erklärt, und für seine Zwecke ausgebeutet hat. Sein Werk erschien im Jahre 1619.

Zunächst hat Cluver einige Punkte der Küstenlinie richtiger bestimmt. So sah er, dass das Xiphonische Vorgebirge nicht das C. Mulini bei Aci, wie Fazell gemeint hatte, sondern das C. Santa Croce war und er erkannte das Vorgebirge Aegithallos oder Aegitharsos, das Fazell mit dem C. S. Vito identificirt hatte, in dem C. Teodoro, das weiter südlich liegt. Sodann hat er zuerst der Mehrzahl der Gebirgsnamen ihre Stelle auf der Karte Siciliens angewiesen. Bei Fazell ist noch von einem Gebirge die Rede, das Kraton oder Nebrodides heisse; Cluver fügt zu dem Kratas und den Nebrodes den Maro (so wurde damals gelesen), die gemelli colles, die Heracischen Berge und manche andere Bergnamen von geringerer Bedeutung hinzu. Auch für die Vervollständigung des Flussnetzes hat er nicht wenig geleistet. Den Akis, den Fazell für den F. Freddo hielt, sucht er mit mehr Recht weiter südlich bei Aci. Die Gewässer, welche zum Flusssystem des Symaethos gehören, der Symaethos selbst, der Kyamosoros, der Erykes erhalten ihren richtigen Plats. Dem Terias und Lissos wird ihr Lauf bei Leontini angewiesen. Im Süden wird der Gela vom Himera getrennt und die Flüsse von Akragas auf Grund einer Stelle Polyb's richtig benannt. Die Gewässer des westlichen Endes der Südküste und die der Nordabdachung der Insel erhalten antike Namen, die wenigstens theilweise richtig oder doch unbedenklich sind.

Was nun weiter die Städte anbetrifft, so war für die von den Hellenen gegründeten nicht mehr viel zu leisten. Nur die wahre Lage Gela's bedurfte noch der Bestimmung, und die von Cluver getroffene Entscheidung, dass Gela nicht, wie Fazell meinte, bei Licata, sondern bei Terranova zu suchen sei, ist im Allgemeinen wenigstens richtig, wie sie denn auch seitdem fast von Allen gebilligt worden ist. Bei Kasmenae, Kallipolis und Euboea gab es so wenig Anhaltspunkte für ihre Fixirung, dass Cluver's Ansetzungen nur den Werth passender Vermuthungen haben. In drei Fällen, wo er Fazell und der Tradition hätte folgen sollen, wich er zu Gunsten eigener Vermuthungen von ihnen ab: bei Akrae, Naxos uud Himera. Naxos suchte er, statt am C. Schiso, weiter südlich am F. Freddo, Himera nicht am Thurme Bonfornello, sondern links von der Mündung des F. Termini, Akrae endlich südlich von Syrakus, unfern der Küste. Seine Ansetzung Himera's ist seitdem von den Meisten gebilligt worden und ich werde später davon sprechen müssen, über Naxos scheint Niemand seiner Meinung gefolgt zu sein, weshalb auch ich nicht die leichte Mühe übernehmen werde, sie zu widerlegen, von Akrae endlich brauche ich deswegen nicht zu sprechen, weil die richtige Ansicht sich gegenwärtig bereits wieder Bahn gebrochen hat.

Unter den nichthellenischen Städten der Insel ist wenigstens eine von Bedeutung, die er richtig bestimmt hat, die Phönicische Colonie Motye auf der Insel S. Pantaleo, nördlich vom Lilybäischen Vorgebirge. Von den übrigen, weniger wichtigen, sind die meisten in sehr ansprechender Weise von ihm angesetzt worden und es ist nur zu bedauern, dass ihr seltenes Vorkommen in der Geschichte auch dem scharfsinnigsten Forscher nicht gestattet, über blosse Vermuthungen bei der Bestimmung ihrer Lage hinaus zu gehen. In einem Falle, wo die Lage sicher ist, nimmt Cluver kühn genug eine Verderbniss des Namens an, indem er Ameselon, das zwischen Agyrion und Kentoripa lag, als verschrieben für Symaethos ansieht, wie nach Ptolemaeos eine sonst nicht vorkommende Stadt des Innern hiess. Ein Muster scharfsinniger Combination ist die Schlussfolgerung, welche ihn zur Annahme bringt, dass das heutige Salemi das Halikyae der Alten gewesen sei.

Cluver hat fast allen geographischen Benennungen, die im Alterthum aus Sicilien vorkommen, mit Ausnahme derjenigen, welche ganz vereinzelt ohne jegliche Hindeutung auf den Ort erscheinen, einen Platz auf der Karte angewiesen, und da er dies fast immer mit sorgfältiger Erwägung der Gründe thut, hat er verdientermassen einen sehr grossen Einfluss auf alle nachfolgenden Forscher ausgeübt. Die Karte der Insel, wie er sie entworfen hat, ist im Wesentlichen noch zwei Jahrhunderte nach seinem Tode dieselbe gewesen. Zu dem grossen Erfolg, den er hatte, trug überdies die Einrichtung seines Buches viel bei. Da er alle Stellen der Alten, an denen ein Name vorkommt, ausführlich abdruckt, die griechischen mit beigefügter lateinischer Uebersetzung, so kann man ohne jegliche Mühe seiner Beweisführung folgen, und man schliesst sich um so lieber einem Führer an, den man stets, wo man ihn auf die Probe stellt, sicher und zuverlässig findet. Freilich hat diese Vollständigkeit des Cluver'schen Werkes die meisten seiner Nachfolger verleitet, fast nur mit dem von ihm gesammelten Material zu arbeiten, so dass, wo einmal Cluver antike Stellen nicht berücksichtigt hat — und trotz seiner Genauigkeit ist ihm das an ein paar Orten widerfahren — diese Stellen für die späteren Bearbeiter der sicilischen Geographie einfach nicht existiren. Wir werden dies bald an einigen Beispielen sehen [3]).

Die einheimischen Forscher, welche im 17 Jahrh. die Geschichte mancher sicilischen Städte bearbeiteten, haben, trotz ihres nicht selten sichtbaren Strebens, Cluver Irrthümer nachzuweisen, bei dem Mangel an gesunder Kritik, an dem Viele von ihnen in auffallender Weise leiden, für die Karte Siciliens nur wenig leisten können. Jedenfalls behielten, wenn auch in Sicilien selbst manche abweichende Ansicht sich geltend machte, bei den Gelehrten der übrigen Länder Cluver's Resultate die Herrschaft, und die umfassenden Werke über alte Geographie trugen, indem sie sich für Sicilien durchaus auf Cluver stützten, zur Sicherung derselben sehr viel bei. Ich nenne in dieser Beziehung nur das verbreitetste unter allen, die 1701 erschienene alte Geographie von Cellarius, in der sich nur wenige Abweichungen von Cluver finden [4]).

Im 18. Jahrh. geschah nicht viel für die Karte von Sicilien. D'Orville (geb. 1696, gest 1752) der in seinen erst 1764 von dem jüngeren Burmann herausgegebenen Sicula, der Frucht einer im Jahre 1727 durch Sicilien gemachten Reise, es sich besonders angelegen sein lässt, die von ihm gewonnene Kenntniss der Oertlichkeiten zur Erklärung der antiken Schriftsteller zu benutzen, hat doch hauptsächlich nur die wichtigsten Stätten der antiken Cultur berücksichtigt, und folgt fast überall Cluver, den er Siculae geographiae instaurator nennt. In einigen Fällen, in denen er von ihm abweicht, sind die Ausstellungen, die er macht, wohlbegründet, und es ist meistens nur zu bedauern, dass er der Sache nicht völlig bis auf den Grund geht. So findet er mit Recht die von Cluver vorgeschlagene und allgemein angenommene Benennung der Flüsse westlich von Akragas wenig sicher, aber er legt den Stand der Frage nicht im Zusammenhang dar; er kommt nach einer ausführlichen Besprechung der Stellen, in denen von der Lage Gela's die Rede ist, zu dem Resultate, dass diese Stadt, die man mit Cluver an der Stätte des heutigen Terranova sucht, vielmehr irgendwo in der Nähe dieses Ortes gelegen habe, ohne jedoch dabei den Hauptpunkt, um den es sich handeln muss, zu berücksichtigen; er bezweifelt endlich mit Grund, dass Cluver Recht hat, Megara für identisch mit Hybla Gereatis zu halten, aber er entschliesst sich nicht zu einer eingehenden und zusammenhängenden Prüfung der Stellen, welche von Hybla handeln. Wenig passend wiederholt er den von Cellarius ausgesprochenen Gedanken, dass es nur ein Herbessos in Sicilien gegeben habe. Mit mehr Grund bezweifelt er, dass Maktorion und Herbita von Cluver richtig nach Butera und Nicosia gesetzt seien [5]).

Eine zusammenhängende Bearbeitung der sicilischen Geographie ist erst wieder im gegenwärtigen Jahrhundert von Mannert unternommen worden. Ich bin weit entfernt, über den Werth des umfassenden Werkes dieses Gelehrten im Allgemeinen absprechen zu wollen; ich kann nur über den Theil, welcher Sicilien behandelt, urtheilen, und dies Urtheil ist kein günstiges. Dennoch hat das Buch vielen Beifall gefunden, den es hauptsächlich wohl dem kritischen Tone verdankt, in welchem es geschrieben ist und der ihm den Anschein grosser Gründlichkeit giebt. Bei den vielen Ausstellungen, die Mannert an traditionellen Annahmen macht, ist man unwillkürlich geneigt, ihm da, wo er selbst positive Behauptungen aufstellt, in der Voraussetzung, dass sie auf sehr festen Stützen ruhen werden, ohne langes Bedenken zuzustimmen. Nur so wenigstens lässt es sich erklären, dass ganz grundlose Behauptungen Mannert's allgemein angenommen worden sind. Die Kühnheit seiner Kritik zeigt sich z. B. darin, dass er ohne Grund die Inschrift und die zahlreichen Münzen, welche den Namen der Philistis enthalten, für untergeschoben erklärt. Dann verlässt er sich wieder so sehr auf die Genauigkeit der Zahlen, welche im Itinerarium Antonins die Entfernungen angeben, dass er auf Grund derselben und der Messungen, welche er selbst auf modernen, natürlich höchst unvollkommenen Karten angestellt hat, die Behauptung wagt, das alte Agyrion habe nicht an der Stelle des heutigen S. Filippo d'Argiro, sondern 1–2 Millien östlich davon gelegen. Bei der Lage von S. Filippo auf der Bergeshöhe, einer Lage, welche für die sikelischen Städte charakteristisch ist, bedarf es gar nicht der Erinnerung an die dort gefundenen Spuren des Alterthums, um Mannert's Annahme als gänzlich aus der Luft gegriffen erkennen zu lassen. Ebenso beweist er aus den Distanzen, dass die berühmten Segestanischen warmen Quellen westlich von Segesta bei Baida waren, und die ruhige Sicherheit, mit der er seine Behauptung vorträgt, hat zur Folge gehabt, dass noch auf ganz kürzlich erschienenen Karten diese Quellen wirklich dort verzeichnet sind. Wenn Mannert sich die Mühe gegeben hätte, Fazell nachzulesen, so würde er gefunden haben, dass jene Quellen unmittelbar unterhalb Segesta's selber sich befinden. Um die leicht beizubringenden Beispiele von willkürlicher Kritik, die Mannert's Buch über Sicilien aufweist, nicht zu sehr zu häufen, was um so weniger nöthig ist, da ich später noch von einer seiner unbegründeten und doch fast allgemein gebilligten Annahmen sprechen muss, will ich hier nur noch auf das hinweisen, was er über Hykkara's Lage sagt. Diese sikanische Stadt wird mit Recht nördlich vom heutigen Carini am Meere gesucht, wo, wie Fazell sagt, in dem Namen Muro di Carini (Carini aus Iccarini entstanden) noch eine Spur der alten Benennung vorhanden ist. Hier macht nun Mannert zunächst die nicht ganz unbegründete Bemerkung, dass Muro di Carini offenbar nach dem benachbarten Carini benannt sei, eine Bemerkung, die aber Fazell nicht trifft, da ja der Name Carini gerade als Ableitung von Hykkara aufgefasst wird, und meint dann weiter, es passe der Vorsprung nicht für die Lage von Hykkara, das doch an einer Bucht habe liegen müssen. Da Hykkara auf den römischen Itinerarien vorkommt, so sagt er: „Wer wird glauben, dass die Römer eine so seltsame Strasse an der gekrümmten vorspringenden Küste angelegt hätten?" Sein Zweifel, dass die antike Strasse durch oder neben Carini gegangen sein könnte, erledigt sich durch die Thatsache, dass noch im 12. Jahrh. die Strasse von Palermo nach Trapani durch Carini führte und was. die Bemerkung von dem Vorsprunge anbetrifft, so scheint Mannert die Karte nicht recht betrachtet zu haben, denn Carini liegt allerdings einer Bucht, nicht einem Vorgebirge nahe [6].

Wenn so der von Mannert gemachte Versuch einer quellenmässigen Kritik der sicilischen Geographie als gescheitert betrachtet werden muss, so ist dagegen eine anspruchslosere Arbeit, die vom Standpunkte eines fleissigen Sammlers aus entworfene Karte der Insel von G. Parthey, als ein durchaus verdienstliches Werk zu betrachten. Die Grundlage bildet Cluver, aber Annahmen

Anderer sind berücksichtigt worden, wo sie dem Verfasser besser begründet schienen, der eine Menge von Schriften zu Rathe gezogen hat. Das alphabetische Namenverzeichniss, welches die Karte begleitet, giebt die modernen Benennungen, und hie und da nützliche Winke über die Urheber der Bestimmungen. Es würde unangemessen sein, eine specielle Kritik der Ansetzungen Parthey's zu geben, die ja hauptsächlich nur eine Auswahl der früher aufgestellten sind; Versehen wie die Annahme des Flusses Vagedrusa, der bei Sil. XIV, 229 vorkommen soll, wo aber seit mehr als einem Jahrhundert bereits die zu Cluver's Zeit allein vorhandene Lesart Vagedrusa mit der richtigeren vage Chrysa vertauscht ist, finden sich sonst nicht bei Parthey. Einzelnes wird später besprochen werden [7]).

In beschränktem Umfange ist sodann die Karte von Sicilien kritisch behandelt worden durch Kiepert. Doch hat auch dieser treffliche Forscher noch in manchen Punkten sich auf seine Vorgänger verlassen, wo die Quellen ihn eines andern belehrt haben würden. So pflanzt er die herkömmliche Ansicht fort, der berühmte See bei Enna, in dessen Nähe Persephone geraubt wurde, habe Pergusa geheissen. Allerdings war auch Cluver dieser Meinung, aber schon D'Orville hat darauf aufmerksam gemacht, dass nach Nic. Heinsius richtiger Bemerkung der Name nur Pergus lautet, und die Lexika kennen schon nicht mehr die Form Pergusa. Einen der Flüsse Kamarina's nennt Kiepert noch Oanos, während der Pindarische Text seit Boeckh die richtigere Form Oanis hat. Im westlichen Theil der Südküste kennt er einen Fluss Kosyros auf Grund einer Stelle des Stephanos von Byzanz. Aber schon seit Berkel und Holstenius, seit der Mitte des 17. Jahrh. kommt mit Recht nur eine Insel dieses Namens bei Stephanos vor [8]).

Es bleibt mir jetzt nur noch eine Bearbeitung der sicilischen Geographie zu erwähnen, die, welche der kürzlich erschienene Spruner-Menke'sche Atlas antiquus enthält. Hier macht sich ein grosser Unterschied unter den Karten selbst bemerkbar. Während die auf den Tafeln X—XII gegebenen, als „neu" bezeichneten, also von Menke herrührenden, sehr schätzbare Darstellungen der betreffenden Zeit enthalten, finden sich auf T. XXI eine Menge grösserer Fehler, wie sie eben im Laufe der Zeit sich in die Geographie der Insel eingeschlichen haben. Ich erwähne nur Einige derselben. Dem Fluss von Leontini sind 3 Mündungen gegeben, wahrscheinlich nach falschen Mannertschen Angaben; Kakyparis und Erineos entspringen aus einer und derselben Quelle; die segestanischen Thermen sind mit Mannert falsch angesetzt; der Berg Tauros ist ganz von Tauromenion getrennt; für das in Bezug auf seine Lage gänzlich unbekannte Kallipolis sind Ruinen in einer Gegend bemerkt, wo keine vorhanden sind; der Amenanos fliesst weit von Katana entfernt; der Isburos ist zum Isboros, der Erykes zum Erices geworden u. s. w. Es ist sehr zu bedauern, dass es, wie es scheint, Menke nicht möglich war, auch dies Blatt durch ein anderes zu ersetzen; die so eben bemerkten Fehler würden sicherlich alle verschwunden sein.

II.

Indem ich nun dazu schreite, einige Bemerkungen über die Karte des alten Siciliens mitzutheilen, spreche ich zuerst von der Küstenlinie. Ueber diese ist im Ganzen nicht viel zu sagen, da aus dem Alterthum merkwürdig wenig Namen erhalten sind, welche Vorgebirge oder Buchten der Insel bezeichnen.

Küstenlinie.

Die Ansetzungen, welche Kiepert auf T. XXIV seines Atlas von Hellas giebt, sind unanfechtbar. Aber es ist ein Vorgebirge vergessen, das bei den Alten vorkommt. Cluver hat es übersehen, und so kommt es, dass es auch den späteren Geographen, die nicht die Stellen der Alten über Sicilien nachlasen oder nachlesen konnten, entgangen ist. Als im Kriege zwischen Octavian und S. Pompejus, so erzählt Appian im fünften Buche der Bürgerkriege, die Flotte des Sextus bei Mylae von Agrippa geschlagen worden war, glaubte Octavian die Gelegenheit benutzen zu können, um von Italiens Südwestspitze aus einen Versuch zur Eroberung von Tauromenion zu machen. Er fuhr bei Tage mit einem Theile seiner Truppen hinüber, und als die pompejanische Besatzung von Tauromenion auf seine Aufforderung die Stadt nicht übergeben wollte, wandte er sich ein wenig weiter nach Süden und schlug beim Altar des Apollon Archagetas, zwischen Tauromenion und Cap Schiso, der Stätte des alten Naxos, sein Lager auf. Während er aber noch dabei beschäftigt ist, zeigen sich plötzlich die Feinde. Die Flotte des Pompejus nähert sich, seine Reiter umschwärmen die Soldaten Octavian's und langsam rückt auch das Fussvolk heran. Octavian konnte vernichtet werden, wenn die Feinde ihren Vortheil zu benutzen verstanden. Aber nur die feindliche Reiterei beunruhigt das Heer, Fussvolk und Flotte halten sich in einiger Entfernung, und als die Nacht hereinbricht, geht die Flotte beim Vorgebirge Kokkynos vor Anker, während das Fussvolk, „das nicht nahe bei den Feinden zu lagern wünschte", sich in die Stadt Phoinix zurückzog? Wo sind nun diese beiden von den Geographen übersehenen Punkte zu suchen?

In den Itinerarien findet sich verzeichnet Tamaricio sive Palma 20 m. p. von Messana. Movers hat darauf aufmerksam gemacht, dass Palma nichts anderes als die Uebersetzung des andern, semitischen, also phönizischen Namens ist. Bei Appian hätten wir ihn nun auch in der griechischen Form, wenn nämlich Phoinix da gelegen haben kann, wo die Itinerarien Palma setzen. Dies müsste etwa 2 Mill. südlich von Ali gewesen sein. Es ist nun durchaus nicht unmöglich, dass das Fussvolk des Sextus sich, um vollkommen in Sicherheit zu sein, wie das Appian fast etwas ironisch andeutet, nach einem Orte zurückgezogen hätte, der nach demselben Itinerarien 15 m. p. von Naxos entfernt war. Vielleicht blieb ihnen wenn sie es einmal nicht für passend hielten, nach Tauromenion zu gehen, kein anderer sicherer Ort übrig. Das Vorgebirge Kokkynos würden wir dann in der Nähe zu suchen haben. Man sollte denken, dass die Flotte schon hinter dem C. S. Alessio sicher gewesen wäre, da aber dies mit einigem Grunde für das Argennon des Ptolemaeos gehalten wird, so würde es das zunächst nach Norden folgende sein, das Cap Grosso bei Ali [?]).

Gebirge.

Bei Appian kommt kurz nach der so eben citirten Stelle der Mykonische Berg vor. Man setzt ihn nach Cluver ganz in die Nähe von Messana, wie mir scheint, irrthümlich. Cluver giebt (479) als Grund seiner Ansetzung an, dass das von Tisienus geführte Heer, welches Octavian in der Gegend des Mykonischen Berges verfehlte, von Messana gekommen sei, während Lepidus, mit dem Octavian bald darauf zusammentraf, sich bei Tauromenion befunden habe. Die Sache verhält sich aber so. Lepidus kam von Afrika her, um sich Siciliens zu bemächtigen. Er landet wirklich auf der Insel, belagert den Pompejanischen Feldherrn Plennius in Lilybaeon und erobert einige andere Städte (App. B. C. V, 98). Bald darauf lässt er den Rest seiner Truppen nachkommen. Aber die Flotte wird von dem Pompejaner Papias angegriffen und zur Hälfte vernichtet und Tisienus macht diejenigen nieder, welche sich an's Land retten (V, 104). Als jedoch später Pompejus sich in grösserer Gefahr sieht, ruft er Tisienus mit seinem Heere zurück (V, 117). Diesem sieht nun Octavian entgegen, verfehlt ihn aber in der Nähe des Mykonischen Berges und muss dort eine ganze Nacht im Unwetter unter freiem Himmel zubringen, nur durch einen über ihn gehaltenen keltischen Schild geschützt, während zugleich das Getöse des Aetna die Soldaten erschreckt. Dann trifft er mit Lepidus zusammen und sie rücken vereint vor Messana. Es ist also klar, nach welcher Richtung Octavian von Tyndaris und Mylae, wo er sich befand, zog, als er nach dem Mykonischen Berge kam. Sowohl Tisienus wie Lepidus kamen vom Westende der Insel und Octavian konnte nur im Westen seiner ursprünglichen Stellung ihnen begegnen. Wir können somit den Mykonischen Berg nicht östlicher als unter dem Meridian des Aetnagipfels, nördlich von demselben, suchen, und dass er hier gesucht werden muss, darauf deutet auch die Erwähnung des Getöses hin, das der Aetna machte und das so gewaltig war, dass die Germanen im Heere Octavian's, wie Appian berichtet, vor Schreck aus ihrem Lager aufsprangen, und die, welche den Aetna kannten, überzeugt waren, es müsste alsbald auch ein Lavastrom über sie hereinbrechen. Dies deutet auf grosse Nähe des Kraters hin. Hiernach kann der Mykonische Berg etwa in der Gegend des heutigen Randazzo gewesen sein; doch lässt sich Genaueres darüber nicht ausmachen [10]).

Auf den Karten findet sich in ziemlicher Grösse angegeben ein Berg Thorax, südlich von Mylae. Die Lage ist im Ganzen richtig, aber man hat zu einem förmlichen Bergzuge gemacht, was in Wirklichkeit nur ein Hügel war. In den Fragmenten des 22. Buches Diodor's wird erzählt, wie Hieron im Kriege mit den Mamertinern in der Gegend des Flusses Loitanos, von dem noch die Rede sein wird, sich zu einer Schlacht vorbereitet. Aus 200 messanischen Flüchtlingen und 400 andern ausgewählten Soldaten bildet er ein Corps, dem er den Auftrag giebt, den nahe gelegenen Hügel, Namens Thorax, zu umgehen und den Feinden in den Rücken zu fallen, während er selbst sie von vorne angriffe. Der Plan kommt zur Ausführung und Hieron gewinnt die Schlacht. Man sieht, es handelt sich hier nur um eine einzelne Bergkuppe, und es ist unpassend, den Thorax, der ja auch nicht ein Berg genannt wird, zu einem ausgedehnten Höhenzuge zu machen [11]).

Ein Theil des sicilianischen Hauptbergzuges führt auf Karten und in Wörterbüchern den Namen Maro Mons. Es wird aber jetzt statt Maro die Form Maroneus gewählt werden müssen; denn so wird nach besseren Handschriften seit Sillig bei Plinius gelesen, wo von dem Getöse des Aetna gesagt wird, dass es bis zum Maroneus Mons und den Gemelli colles erschalle. Sonst kommen diese beiden Bergnamen nicht vor. Die Form Maroneus erweist sich auch dadurch als die richtigere, dass sie dem modernen Namen Madonie näher steht als das Wort Maro, das schon seit langer Zeit mit Madonie in Verbindung gebracht worden ist. In weiterem Sinn versteht man gegenwärtig unter Madonie einen grossen Theil des Bergzuges, der sich dem Aetna gegenüber, parallel der Nordküste, nach Westen hinzieht; speciell wird aber das hohe Gebirgsland südlich von Cefalu, das einen Theil dieser Kette ausmacht, mit jenem Namen bezeichnet. Hier mag man also auch den Maroneus suchen, dessen Ausdehnung sich nicht bestimmen lässt. Keinenfalls haben jedoch diejenigen Recht gehabt, welche in dem Gebirgszuge, der sich in der Gegend von Petraglia nach Süden hin von der Hauptkette abzweigt, den Maro sehen wollten. Der Irrthum scheint durch die Mangelhaftigkeit der Cluver'schen Karte entstanden zu sein, auf der der Maro diese Lage hat, während in seinem Texte Cluver ihn sich von der Quelle des Pettineo bis zur Stadt Musumeli ausdehnen lässt, wonach er vielmehr ein Theil der in westlicher Richtung streichenden Hauptkette ist[12]).

Noch ein anderer Berg Siciliens, über dessen Lage freilich nichts weiter bekannt ist, als dass er sich in der karthagischen Provinz befindet, scheint seinen Namen ändern zu müssen. In dem Pseudoaristotelischen Werke über Wunderbares wird von diesem Berge erzählt, dass er äusserst reich an wohlriechenden Blumen sei, und dass er eine Oelquelle enthalte, die für reine Hände, die aus ihr schöpfen, reichlicher fliesse. Seinen Namen las man früher Gonios, jetzt nach besseren Handschriften Uranios. Es ist übrigens nicht zu verkennen, dass dieser Name sein Bedenkliches hat. Eine Beziehung auf den Gott Uranos ist kaum wahrscheinlich, da dieser keine Kultusgottheit war, und um als ein himmelanstrebender bezeichnet zu werden, dazu scheint er der Schilderung nach doch nicht hoch genug gewesen zu sein. Es wäre daher möglich, dass er den Namen Kronios geführt hätte, den nach Diodor manche Höhen in Sicilien trugen[13]).

Flüsse.

Von den Flüssen der Ostseite übergehen die Karten den nur bei Plutarch im Leben Timoleons vorkommenden Damyrias, oder, wie einige Handschriften haben Diamyrias. Cluver, der sonst gerade für die Vervollständigung des Flussnetzes so besorgt ist, hat ihn einzureihen vergessen. Timoleon befand sich nach seiner grossen Waffenthat gegen die Karthager noch im Kriege mit den Tyrannen von Katana und Leontini, Mamerkos und Hiketes. Als er nun gegen den übrigens unbekannten Ort Kaluuria sich wandte, fiel Hiketes von Leontini in das syrakusanische Gebiet ein und nahm, nachdem er es verwüstet hatte, mit Beute beladen, seinen Rückweg, dem nur von wenigen Soldaten begleiteten Timoleon zum Trotz, neben Kaluuria hin. Timoleon, der keine Furcht kannte, setzte ihm nach. Nun machte Hiketes Halt, nachdem er den Damyrias überschritten hatte, dessen steile Ufer sich leicht vertheidigen liessen. Timoleons Officiere, von ungestümem Muthe beseelt, stritten um das Vorrecht des ersten Angriffs. Der Feldherr nahm ihre Siegelringe, um durch das Loos die Reihenfolge zu bestimmen. Als aber der erste, den er aus seinem Mantel wieder hervorzog, als Zeichen ein Tropaeon trug, so war von keinem Abwarten mehr die Rede; alle führten augenblicklich, durch das günstige Vorzeichen begeistert, ihre Leute über den Fluss und die Feinde wichen dem ungestümen Angriffe. Man wünscht, dieser interessanten Begebenheit einen bestimmten Platz anweisen zu können. Nun war der Damyrias offenbar zwischen Syrakus und Leontini, da Hiketes, der mit syrakusanischer Beute beladen, sich auf dem Rückzuge, natürlich nach Leontini befindet, ihn überschreitet

Ich sehe nicht, was uns hindern sollte, den Molinello, den nördlichsten der Flüsse, die sich in die megarische Bucht ergiessen, für den Damyrias zu halten. Er entspringt südlich von Leontini, und war von einem Heere zu überschreiten, das sich aus dem syrakusanischen Gebiete nach Leontini zurückzog; seine Ufer sind in der That steil [14]).

Beachtung verdient sodann die von Octav. Cajetanus in seiner Einleitung zur sicilischen Religionsgeschichte aus dem Leben des heiligen Neophytus mitgetheilte Nachricht, dass im dritten Jahrhundert nach Christo ein Christ Namens Publius auf einen zwischen Leontini und dem Meere in der Nähe des Flusses Assia gelegenen Berg floh, woselbst er der Mutter Maria eine Kirche erbaute. Es müsste an Ort und Stelle möglich sein, diesen Fluss — wenn der Name richtig überliefert ist — nachzuweisen [15]).

Unter den Flüssen der Südküste ist einer der ersten vom Vorgebirge Pachynos an der F. di Ragusa. Er ist es sicherlich, wie auch allgemein angenommen wird, den Plinius Hirminius nennt. Bei der Eintragung des Namens in die Karten scheint man indess nicht beachtet zu haben, dass der Fluss bereits in einem Fragmente des Philistos vorkommt, wo er Hyrminos heisst. Der Name erinnert an Hyrmina, Stadt in Elis [16]).

Westlich von Kamarina mündet der Dirillo, in welchem man seit Cluver den Achates der Alten, den Fluss, in welchem zuerst die Achatsteine gefunden wurden, sucht. Cluver hat aber keinen andern Grund für seine Annahme, als dass er bei Silius als durchsichtig und glänzend gerühmt wird; da nun die Flüsse der Nordküste diese Eigenschaft, wie Cluver sagt, nicht haben, die der Ostküste bereits sämmtlich mit Namen versehen sind, und von denen der Südküste nur der Dirillo, der wirklich klares Wasser besitzt, ohne Namen ist, so muss dieser der Achates sein. Die Schwäche der Beweisführung braucht nicht erst besonders hervorgehoben zu werden; es könnte ja, wenn wirklich alle selbständig in's Meer mündenden Flüsse der Ost- und Südküste bereits Namen haben, was nicht der Fall ist, ein Nebenfluss eines grösseren Gewässers, z. B. des Symaethos, Achates geheissen haben. Wir werden aber alsbald sehen, dass ziemlich sichere Spuren darauf hinweisen, dass der Achates im westlichen Theile der Südküste mündete. Jedenfalls wird der Dirillo den Anspruch aufgeben müssen, der Achates gewesen zu sein [17]).

Wenig sicher sind sodann die Namen der Flüsse westlich von Akragas bis nach Lilybaeon hin. Die auf den Karten vorkommenden beruhen im Wesentlichen auf Cluver's Ansetzung, der aber theilweise von unrichtigen Grundlagen ausging. Von dem Kamikos, der in dieser Gegend geflossen haben muss, werde ich später sprechen; dass der Platani, der durch seine tiefe Einsenkung das Quellgebiet der akragantinischen Gewässer von dem Hauptbergrücken der Insel trennt, bei den Alten Lykos oder Halykos hiess, ist keinem Zweifel unterworfen, und von den beiden Namensformen wird noch die Rede sein. Die Namen der nun folgenden Flüsse suchte Cluver einfach durch eine Gegenüberstellung der sämmtlichen von den Alten in dieser Gegend genannten und der jetzt vorhandenen zu gewinnen. Es gelingt ihm, eben so viele antike Flussnamen aufzufinden, als er Flüsse in diesem Theile Siciliens kennt, und so wird es ihm nicht schwer, die Namen über die Gewässer zu vertheilen. Leider hat er sich jedoch in der Zahl der

Flüsse geirrt. Er zählt acht auf, während in Wirklichkeit zehn vorhanden sind: Macasoli, F. di Caltabellotta, Carabi oder Cannitello, Gavarrello, Leone, Belici, Madiuni, Arene, Mazzara, Marsala, von denen ihm Gavarrello und Leone entgangen sind. Hierdurch verliert ein grosser Theil seiner Combinationen ihren Werth, da Leone und Gavarrello nun auf zwei der anderweitig bereits untergebrachten Flussnamen Anspruch machen können und es doch gänzlich unsicher ist, welche ihnen zugesprochen werden sollen. Die Hauptquellen für die Flussnamen dieser Gegend sind Plinius und Ptolemaeos. Bei Jenem lautet die Küstenbeschreibung nach den besten Handschriften: Die Colonie Thermae, die Flüsse Agathe, Macer (oder Mater), Hypsa, die Stadt Selinus, Lilybaeum. Dieser hat in entgegengesetzter Richtung: Stadt und Vorgebirge Lilybaeon, die Mündung des Flusses Akithios, des Flusses Selinus, des Flusses Mazaras, Pintia, die Mündung des Flusses Sossios, Herakleia. Ausserdem kommt noch bei Diodor der Fluss Alba vor, dem der Name Allava, 30 Millien von Agrigent, im Itinerarium Antonini zu entsprechen scheint, und die Flussnamen Selinus und Hypsas sind endlich noch anderweitig bezeugt — beide durch die Münzen der Stadt Selinus, und Jener insbesondere noch durch zwei Stellen Strabon's (VIII, 7, 5 und XVII, 3, 16), sowie durch eine Stelle des Duris bei Stephanos von Byzanz.

Zunächst ist nun klar, dass bei Plinius statt Macer oder Mater zu lesen sein wird Mazara, wie auch von den neuesten Herausgebern geschieht; die verkehrte Reihenfolge — Mazara zwischen Thermae (Sciacca) und Selinus — kann nicht als ein Grund betrachtet werden, die Conjectur abzuweisen. Sodann fragt sich, was unter dem offenbar verdorbenen Agathe zu verstehen sei. Eine alte Vermuthung — des H. Barbarus — ist Atys. Dies nahm Cluver als sichere Lesart; entschied sich dann aber, indem er Atys mit dem Akithios des Ptolemaeos combinirte, für Acithis, wofür Spätere wieder mit Ptolemaeos einen Acithius angenommen haben. Offenbar liegt jedoch der handschriftlichen Lesart Agathe am nächsten Achates, was auch bereits Harduin vermuthete und die neuesten Herausgeber des Plinius in den Text aufgenommen haben. Hier ist also der Fluss mit dem glänzenden, durchsichtigen Wasser und den kostbaren Kieseln zu suchen. Man kann die Behauptung wagen, dass, wenn Cluver statt Atys Agathe als beste handschriftliche Lesart bekannt gewesen wäre, er selbst den Achates im Westen der Insel gesucht, und den Dirillo aus dem Spiel gelassen hätte, für den, wie wir sahen, nichts spricht. Schwieriger ist die weitere Bestimmung, welches der Gewässer zwischen Sciacca und den Trümmern von Selinus der Achates sei. Es ist möglich, dass es der Carabi oder Cannitello war.

Den Hypsa setzt Plinius östlich von Selinus. Da nun selinuntische Münzen den Namen dieses Flusses und den des Selinus enthalten, so ergiebt sich mit Sicherheit, dass jener der heutige Belici, dieser der Madiuni war.

Den Akithios finden wir bei Ptolemaeos zwischen Lilybaeon und dem Selinusflusse angegeben. Wenn wir nun voraussetzen, dass er wirklich in dieser Gegend floss — und während allerdings im Allgemeinen keine Gewähr vorhanden ist, dass die Reihenfolge bei Ptolemaeos der Wirklichkeit entspricht, ja sogar gleich nach der Erwähnung des Akithios der Selinus irrthümlich vor dem Mazaras genannt ist, auf den er folgen sollte, giebt es doch in diesem Falle nichts, was dagegen spräche - so kann er entweder der F. di Marsala oder der F. Arene gewesen sein, da der heutige Mazzara und der Mazaras der Alten offenbar identisch sind, und andere Flüsse sich auf dieser Strecke nicht finden. Wir können sogar noch einen Schritt weiter gehen. Wenn die

Mündungen des Selinus und des Mazaras in der Ptolemaeischen Tabelle den Platz wechseln müssen, so kommt der Akithios zwischen Mazaras und Lilybaeon, und dann kann es nur der F. di Marsala sein.

Den Sossios hält man gewöhnlich (seit Cluver, dem noch Parthey folgt) für den F. di Marsala. Gründe für diese Annahme giebt es keine ausser dem, dass bei der Cluver'schen Vertheilung der Flussnamen eben nur der Marsala ohne antiken Namen zurückblieb. Wenn man nun bedenkt, dass Ptolemaeos den Sossios östlich von Selinus setzt, und dass der Marsala mit ziemlicher Sicherheit mit dem Akithios desselben Schriftstellers identificirt werden kann, so wird die herkömmliche Ansetzung des Sossios eben so gut fallen müssen, wie die des Achates. Ich will nicht unterlassen zu bemerken, dass Kiepert weder den Dirillo Achates, noch den Marsala Sossios nennt; dass er die beiden auf diese Weise frei werdenden antiken Flussnamen auf seiner Karte gar nicht verzeichnet hat, wird ihm Niemand verübeln, der den vorhergehenden Ausführungen gefolgt ist. Auch ich vermag über den Sossios nur so viel zu sagen, dass er zwischen Selinus und Heraklea zu suchen ist.

Aehnlich steht es mit dem Isburos, der noch östlicher floss als der Sossios.

Der Alba bestimmt sich, wenn gleich nicht ganz genau, durch den Zusammenhang der Erzählung Diodor's. Hier kommt der Römische Statthalter Licinius Nerva auf seinem Marsche gegen die empörten Sclaven über den Alba, sodann beim Berge Kaprianos vorbei, wo die Sclaven sich aufhielten und endlich nach der Stadt Heraklea. Da nun, wie oben bemerkt wurde, im Itinerar Antonins 30 Millien westlich von Agrigent sich der Name Allava angegeben findet, so liegt die Vermuthung nahe, dass dies Allava und jenes Alba derselbe Name sei, und der Albafluss wird somit, da auf die Distanzen ein so unbedingter Verlass nicht ist, entweder der F. di Caltabellotta oder der Macasoli. Dies passt auch für die Diodorische Erzählung unter der Voraussetzung, dass Licinius Nerva von Westen, etwa von Lilybaeon, herkam, was aus Diodor selbst weder bewiesen noch widerlegt werden kann. D'Orville hat mit Recht darauf aufmerksam gemacht, dass sowohl die Identität von Allava und Alba, als auch die östliche Richtung des Marsches des Römischen Statthalters keineswegs sicher sind; aber wenn er selbst annimmt, dass der Alba identisch mit dem Alabon im Megarischen Gebiete, und der Kaprianische Berg nahe der Ostküste zu suchen sei, so passt dies nicht zu Diodor's Worten, nach denen Berg wie Fluss der Stadt Heraklea nahe sein müssen[19]).

Jetzt ist noch die Frage von dem doppelten Halykos oder Lykos zu erwägen. Der Flussname Halykos findet sich, ausser bei Stephanos von Byzanz, von welcher Stelle alsbald die Rede sein wird, nur in folgenden Diodorischen Stellen: XV, 17; XXIII, 9 (Hoesch.); XXIV, 1 (Hoesch.). Sodann kommt bei Diod. XVI, 82 in der Geschichte des Timoleon ein Lykos vor, und ebenso redet Plut. Timol. 34 von einem Lykos. Endlich findet sich der Name Lykos in einem Fragment der Politie von Minoa des Herakleides. Es ist nun zunächst vollkommen klar, welches der in der Heraklidischen Stelle gemeinte Fluss war. Es ist der Fluss von Heraklea Minoa, also der heutige Platani. Sodann floss das Gewässer, von welchem Diod. XV, 17 spricht, im akragantinischen Gebiete. Das passt vortrefflich auf den Platani, und es ist deshalb grosse Wahrscheinlichkeit für die Annahme vorhanden, dass bei Herakleides und bei Diod. XV, 17 derselbe Fluss, der Platani, gemeint ist. In den übrigen citirten Stellen sind keine so deutlichen

Anknüpfungspunkte für eine genauere Fixirung des Flussnamens vorhanden. Da nun aber bei Herakleides und bei Diod. XV, 17, wo doch höchst wahrscheinlich derselbe Fluss gemeint ist, nicht derselbe Name steht, sondern der eine Schriftsteller vom Halykos, der andere vom Lykos spricht, so ist die Annahme als beseitigt zu betrachten, dass es einen vom Halykos verschiedenen Lykos in Sicilien gegeben habe, und es bleibt nur die Frage übrig, welcher von beiden Namen der richtigere sei. Seit Cluver, der Diod. XVI, 82 Halykon emendirte, hat man sich durchgängig für diese, in ihrer Bedeutung sehr passende Form (der Salzige) entschieden. Schneidewin hat dagegen bemerkt, dass die Uebereinstimmung dreier Schriftsteller (Diodor, Plutarch und Herakleides) doch ein bedeutendes Gewicht für Lykos in die Wagschale werfe, und die Triftigkeit dieser Bemerkung ist evident, nur könnte man, was Schneidewin übersehen zu haben scheint, mit fast eben so viel Recht die Uebereinstimmung zweier (Diodor und Stephanos von Byzanz) für Halykos geltend machen. Es scheint hiernach gegenwärtig nicht wohl möglich zu sein, sich für eine der beiden Namensformen unbedingt zu entscheiden, und man wird dem Platani die beiden Namen lassen müssen. — Nun entsteht aber die weitere Frage: gab es noch einen zweiten Halykos oder Lykos ausser dem Platani? Nach Cluver führte auch der F. delle Arene, zwischen Selinus und Mazzara, den Namen Halykos. Zu dieser Annahme ist er durch folgende höchst sinnreiche Combination gelangt. Duris bei Steph. Byzant. führt in einer vielbenutzten Stelle unter den sicilischen Städten, die von Flüssen den Namen haben, auch Halykon (Accus.) an. Nun ist eine Stadt Halykos in Sicilien sonst nicht bekannt, wohl aber eine Stadt Halikyae. Es liegt also die Vermuthung nahe, dass Duris habe sagen wollen, Halikyae habe von dem vorbeiströmenden Halykos den Namen, und dass er sich nur mangelhaft ausdrückte. Wir würden also unter dieser Voraussetzung, um den Halykos zu finden, die Lage von Halikyae kennen müssen. Nach Steph. Byz. lag dieser Ort zwischen Entella und Lilybaeon und es ist die höchste Wahrscheinlichkeit vorhanden, dass das am F. delle Arene in herrschender Stellung gelegene Salemi das alte Halikyae war. Nach Cluvet spräche besonders die Etymologie für die Identität von Halikyae und Salemi (beide Worte auf Salz hindeutend); aber dieser Grund ist schwach, da das Wort Salemi auch arabischen Ursprungs sein kann. Ein besserer Beweis liegt in der Lage von Salemi, da sich zwischen Entella und Lilybaeon kaum ein anderer Punkt findet, der so gut für eine Stadt von der Bedeutung von Halikyae passte. Wenn aber Salemi und Halikyae identisch sind, so ist offenbar, führt Cluver fort, der Arenefluss der Halykos der Alten. — Man darf über dem Glänzenden, was in dieser Combination liegt, ihre Schwächen nicht übersehen. Die Stelle des Duris ist nicht der Art, dass man viel darauf bauen könnte. Die sicilischen Städte, welche dort aufgezählt werden, sollen nach den Flüssen benannt sein, das passt aber nicht auf die auch daselbst aufgeführten Syrakus, Thermae und Kamarina. Es ist also nicht sehr sicher, dass die Behauptung bei Halikyae zutrifft. Wenn sie es aber thut, so ist Halykos nicht nothwendig der Name des Flusses. Die beste Handschrift des Stephanos hat nicht Halykon sondern Halik —, weshalb Meineke im Index seiner Ausgabe Halikyas als Flussnamen vermuthet. — Es würde nun für den Namen Halykos als antike Bezeichnung des F. delle Arene immer noch ein bedeutendes Gewicht in die Wagschale werfen, wenn sich nachweisen liesse, dass irgendwo bei einem Historiker unter dem Halykos ein so westlicher Fluss, wie der Arene ist, zu verstehen wäre. Diesen Nachweis hat Pauly versucht. Er meint, dass der Lykos, welcher nach Diod. XVI, 82 und Plut. Timol. 34.

in dem Friedensschlusse zwischen den Karthagern und Timoleon nach dessen Siege am Krimisos die Ostgrenze der karthagischen Provinz auf Sicilien wurde, nur der Arenefluss gewesen sein könne, da sonst der glänzende Erfolg des korinthischen Helden für die sicilischen Griechen kein anderes Resultat herbeigeführt hätte, als einst ihre schweren Niederlagen. Denn der Platani, der nach gewöhnlicher Annahme als Grenze bestimmt wurde, war es schon vor dem Kriege Timoleon's gewesen. Dennoch ist, wie schon Arnoldt in seiner Biographie Timoleon's gezeigt hat, hier an keinen andern Fluss als eben an den Platani zu denken. Die Erklärung liegt in der weitern, von Diodor mitgetheilten Bedingung, dass alle hellenischen Städte frei sein sollten. Dies zielte besonders auf Selinus, das westlich vom Platani, aber östlich vom Arene liegt. Hätte der Arene die Grenze gebildet, so wäre die Clausel von der Freiheit der griechischen Städte zwecklos, weil selbstverständlich gewesen; mit dem Platani als Grenze bezeichnet sie gerade den sicher nicht unbedeutenden Gewinn, welchen der Sieg Timoleon's zu Wege gebracht hatte. Die Karthager hatten natürlich nicht blos hellenische Städte unterjocht, sondern auch die sikanischen des Innern. Jene befreite Timoleon sämmtlich, diese nur, soweit sie östlich vom Platani lagen. Wir haben also keinen Grund, den Lykos oder Halykos des Timoleon für einen westlicheren Fluss als den Platani zu halten. Aus dem Vorhergehenden ergiebt sich, dass nur der Fluss von Herakles gegründeten Anspruch auf den Namen Halykos oder Lykos machen kann; der Arenefluss kommt als Halykos nicht in der Geschichte vor, und aus der Stelle des Duris ist nur soviel zu schliessen, dass Halikyae von seinem Flusse den Namen hatte; wenn dies aber der Fall war, so war der Name desselben eher Halikyas als Halykos [19]).

Von dem Kamikos wird sich später ergeben, dass er entweder der Macasoli oder der F. di Caltabellotta war; nicht, wie man gewöhnlich annimmt, der F. delle Canne.

Wir haben jetzt kurz die Resultate der vorhergehenden Untersuchung für die Namengebung der Flüsse westlich von Akragas zusammenzustellen. Ganz sicher sind: Halykos—Platani; Hypsas—Belici; Selinus—Madiuni; Mazaras—Mazzara; ziemlich sicher: Akithios—Marsala. Der Kamikos ist entweder der Macasoli oder der F. di Caltabellotta, und der andere dieser beiden ist der Alba; der Arenefluss hiess Halikyas, vielleicht Halykos. Nun bleiben noch Sossios und Isburos (zwischen Selinus und Herakles) sowie der Achates (zwischen Selinus und Sciacca) übrig. Für diese finden sich nur die drei zwischen Sciacca und Selinus mündenden Flüsschen: Cannitello oder Carabi, Gavarrello und Leone, ohne dass sich sagen liesse, wie die antiken Namen unter sie zu vertheilen sind.

Wenn wir nun nach Norden und Osten weiter wandern, so finden wir erst im Gebiete von Segesta antike Flussnamen erwähnt, welche also die im Golfe von Castellamare ihr Ende findenden Gewässer sein müssen. Hier ist der bedeutendste der F. di S. Bartolomeo, der sich aus zwei Quellflüssen bildet, von denen der eine, F. Freddo genannt, einige Millien östlich von der Stadt Salemi, in gleicher Entfernung von dem afrikanischen, wie vom tyrrhenischen Meere entspringt, während die Quelle des anderen, kürzeren, der den Namen Gaggera führt, sich weiter westlich, unweit Calatafimi befindet. An dem Letztgenannten liegen auf dem Monte Varvaro oder Barbaro die Ueberreste des alten Segesta Nun werden von den Alten bei dieser Stadt zwei Flüsse genannt, der Skamandros und der Simoeis, deren Namen an die angebliche troische

Heimat der Elymer, des Volkes von Segesta, erinnerten. Es ist klar, dass Theile des S. Bartolomeo diese Namen führten. So kann man denn den Gaggera und den F. Freddo für Skamandros und Simoeis halten, oder, was noch richtiger sein dürfte, die beiden Bäche, aus denen sich bei Segesta der Gaggera bildet und welche gegenwärtig die Namen Pispisa und Galemici führen. In Betreff des Laufes des einen derselben, des Pispisa, bedürfen die Karten Siciliens einer Verbesserung, welche sich aus dem von Serra di Falco im ersten Bande seiner Antichità di Sicilia gegebenen Plane von Segesta und Umgegend ergiebt. Während nämlich die gewöhnlichen Karten von Sicilien, selbst die grosse in 4 Blättern 1826 erschienene, den Pispisa nördlich um den Berg von Segesta in den Galemici fliessen lassen, windet er sich in Wirklichkeit südlich um denselben herum. Nun bleibt aber noch eine andere Frage von nicht geringer Bedeutung übrig. Wo ist der Fluss Krimisos zu suchen, der in der Sage von der Gründung Segesta's eine so grosse Rolle spielt? Bekanntlich ist der Gründer der Stadt der Sohn der Trojanerin Egesta und des Flussgottes Krimisos. Die enge Verbindung, in welcher so Stadt und Fluss stehen, würde keinen Zweifel aufkommen lassen, dass der S. Bartolomeo der Krimisos gewesen sei, wenn nicht zwei Umstände Bedenken erregten, welche von Cluver mit grossem Scharfsinn geltend gemacht sind. Zunächst nämlich findet sich in dem Buche des Vibius Sequester über Flüsse die Notiz: Crunisos Siciliae civitate Atilae, wo Cluver Crinisos und Entellae emendirt und somit den Sinn herstellt, dass der Krimisos bei Entella fliesse. Diese, ebenfalls elymische Stadt lag aber am Belici, in dem wir oben den Hypsas der Alten erkannt haben, was natürlich nicht hindern würde, dass der Quellarm desselben, an welchem Entella lag, den Namen Krimisos geführt hätte. Sodann scheint, was wir von der Schlacht am Krimisos wissen, dem berühmten Siege des Timoleon, ebenfalls darauf hinzudeuten, dass dies Gewässer mehr im Süden als im Norden ,der Insel floss. Denn Timoleon kam von Syrakus, die Karthager aber von Lilybaeon. So hat denn Cluver, und nach ihm die Meisten, die Ansicht vertheidigt, der Krimisos sei der Arm des Belici gewesen, welcher bei Entella fliesst. Aber die Gründe Cluver's sind nicht stichhaltig. Die Compilation des Vibius ist von sehr geringer Autorität; und was den von der Schlacht am Krimisos hergenommenen Grund betrifft, so ist einleuchtend, dass die Karthager und Timoleon sich doch auch recht wohl am obern F Freddo begegnen konnten. Vor allen Dingen muss aber die Bedeutung des Krimisos in der Gründungssage von Segesta berücksichtigt werden. Die Trojanerin Egesta landet in Sicilien; ihr und des Flussgottes Krimisos Sohn gründet Segesta; das beweist deutlich, dass der Krimisos der bei Segesta vorbeiströmende Fluss war. Ich möchte endlich ein Argument für den S. Bartolomeo aus einer Stelle des Lykos entnehmen. Es wird hier ausser andern Flüssen auch der Krimisos erwähnt, weil sein Wasser an der Oberfläche kalt, in der Tiefe aber warm ist. Sollte dies nicht eine Hindeutung auf die Thatsache sein, dass die eine der berühmten Segestanischen warmen Quellen im S. Bartolomeo selbst entspringt [20])?

Im Gebiete von Segesta werden ausserdem noch der Porpax, der Telmissos und der Helbesus erwähnt; jene bei Aelian, dieser bei Solin. Freilich wäre es möglich, dass Telmissos und Helbesus derselbe Fluss wären, es könnte der eine der beiden Namen für den andern verschrieben sein. Welchen Gewässern diese Namen beizulegen sind, wird sich nicht mit Sicherheit entscheiden lassen. Serra di Falco hält sie für identisch mit den segestanischen warmen

Quellen, die am und im S. Bartolomeo entspringen, wozu auch die Schilderung des Helbesus passen könnte. Parthey sieht dagegen in ihnen selbständig in's Meer sich ergiessende Flüsse; wer sich dieser Ansicht anschliesst, wird nur nicht den Porpax für den unmittelbar nördlich vom Cap S. Teodoro mündenden Birgi halten dürfen, der in dem grössten Theil seines Laufes unmöglich Segesta angehören konnte [21]).

Einer der berühmtesten sicilischen Flussnamen ist der Himera. Die Insel hatte zwei Flüsse dieses Namens, von denen der Eine sich in das afrikanische, der Andere in das tyrrhenische Meer ergoss. Welches Jener war, darüber kann kein Zweifel herrschen: es ist der bei Alicata mündende Salso. Ueber die Ansetzung des nördlichen Himera dagegen sind verschiedene Ansichten aufgestellt worden; ich denke nachzuweisen, dass die seit Cluver, zumal ausserhalb Siciliens herrschend gewordene, und in alle neueren Karten übergegangene, es sei der F. di Termini, irrig ist. Man erzählte von den beiden Flüssen, dass sie aus einer und derselben Quelle entsprängen, trotzdem dass der Eine salziges, der Andere süsses Wasser habe; eine Nachricht, die sich zum ersten Male bei Stesichoros in der Mitte des sechsten Jahrhunderts vor Chr. findet. Wenn nun der Terminifluss der nördliche Himera wäre, so würde es geradezu unerklärlich sein, wie die Sage von der einen Quelle der beiden Himera hätte entstehen können, da er mehrere deutsche Meilen von dem westlichsten Quellarme des F. Salso entspringt. Die Sage deutet vielmehr darauf hin, dass es der östlichere F. Grande ist, der bei dem Thurme Bonfornello sich in das tyrrhenische Meer ergiesst, und dessen Hauptquelle, nordöstlich vom Orte Polizzi, nur etwa zwei Millien von dem Orte Petralia Sottana entfernt ist, bei welchem einer der wichtigsten Arme des Salso seinen Ursprung hat. So trennt nur ein einfacher Bergrücken die Quellen der beiden nach entgegengesetzten Richtungen strömenden Gewässer. Es ist aber nicht dieser Grund allein, der gegen den F. di Termini und für den F. Grande spricht. Die Stadt Termini, das alte Thermae, liegt östlich von der Mündung des nach ihr benannten Flusses, den Cluver und die ihm folgen für den Himera halten. Nun findet sich bei Ptolemaeos in der von Osten nach Westen fortschreitenden Beschreibung der Nordküste folgende Reihenfolge:

Mündung des Himera 37°15′ O. L. 37°20′ N. Br.
Die Stadt Thermae 37° 5′ O. L. 37°15′ N. Br.

also liegt Thermae nicht unbedeutend westlich vom Himerafluss. Allerdings kann die Reihenfolge bei Ptolemaeos allein nichts beweisen, wie wir oben gesehen haben; wenn sie aber, weit entfernt, von anderweitigen Nachrichten widerlegt zu werden, von denselben vielmehr Bestätigung erfährt, so ist es wohl erlaubt, sich auf sie zu berufen. Eine solche Bestätigung giebt nun überdies noch die Peutinger'sche Tafel, auf der ziemlich deutlich Thermae links von der Mündung des Himera steht. Sodann kann dasselbe aus einer bisher in dieser Beziehung nicht richtig aufgefassten Stelle Strabon's geschlossen werden. Dieser giebt aus der nach Millien rechnenden Chorographie die Entfernungen der Küstenpunkte Siciliens an. Hier beträgt die Distanz von Alaesa nach Kephaloedion m. p. 30, und von da nach dem Himerafluss m. p. 18. Da nun die Peutinger'sche Tafel und das emendirte Itinerar Antonins diese 18 umgekehrt von Alaesa nach Kephaloedion (das Itin. hat falsch 28), von Kephaloedion nach Thermae dagegen 24 m. p. haben, so ist schon Cluver auf den Gedanken gekommen, dass bei Strabon von Alaesa nach Kephaloedion 18 und von da nach dem Himeraflusse 24 m. p. anzusetzen wären (Cl. 360) und der Pariser Herausgeber des Strabon, C. Müller, meint auch, „dass Strabon zwei Entfernungsangaben der Agrippa'schen Karte verwechselt habe" d. h., dass von Alaesa nach Kephaloedion 18, von da nach dem Himera aber, man sieht nicht recht, ob 30 oder 24 m. p. zu setzen seien. Aber abgesehen davon, dass so doch keine Uebereinstimmung zwischen der Chorographie und den Itinerarien hergestellt wird (nach der handschriftlichen Lesart der Chorographie beträgt die Entfernung zwischen Kephaloedion und Himera 18, zwischen Himera und Panormos 35 m. p. zusammen 53, ziemlich entsprechend den 48 der aus dem Itinerar ergänzten Peutinger'schen Tafel; wenn dagegen mit Cluver die Strecke zwischen Kephaloedion und dem Himera 24 m. p. erhält, so macht das für die ganze Distanz Kephaloedion — Panormos gar 59 m. p.), ist auch nicht zu übersehen, dass es keineswegs dasselbe ist, wenn das Itinerar nebst der Peutinger'schen Tafel 'von der Entfernung zwischen Kephaloedion und Thermae, und die Chorographie von der zwischen Kephaloedion und dem Himerafluse spricht. Dass Kephaloedion und Thermae — Cefalu und Termini 24 m. p. von einander entfernt sind, ist ganz richtig; fast ebenso richtig aber auch, dass zwischen Kephaloedion und dem Himerafluse nur 18 Millien sind. Die Erklärung liegt eben in dem Umstande, den Cluver nicht anerkennen wollte, und an den Müller gar nicht gedacht zu haben scheint, dass der Himerafluss mehrere Millien östlich von Thermae fliesst, und die Zahlen der Chorographie, weit entfernt, falsch zu sein, sind gerade eine neue Bestätigung der Ansicht, dass der Himera nicht der Terminifluss, sondern der F. Grande war. Dass die Itinerarien mit Thermae nicht dasselbe meinen, was die Chorographie unter dem Himerafluse versteht, lässt sich auch noch aus den Distanzen schliessen, welche beide Quellen zwischen diesen Punkten und Panormos haben. Die Itinerarien geben 24 m. p. an, was so ziemlich die Entfernung zwischen Palermo und Termini ist, die Chorographie hat 35, was ebenfalls bis auf eine Millie mit der Distanz zwischen Palermo und dem F. Grande übereinstimmt. Es deutet also Alles darauf hin, dass der Himera wirklich der F. Grande war. Was hieraus für die Lage der Stadt Himera folgt, werden wir später sehen. Nach dieser Auseinandersetzung ist die Frage gerechtfertigt, was denn Cluver bewogen hat, den Terminifluss für den alten Himera zu halten, nachdem Fazell bereits die richtige Ansicht aufgestellt hatte. Es ist die enge Beziehung, welche die Schriftsteller des Alterthums stets zwischen Thermae und dem alten Himera, nach dessen Zerstörung Jenes entstand, obwalten lassen; es ist der Umstand, dass die nach Himera benannten warmen Quellen eben in der Stadt Thermae, neben dem Terminiflusse emporsprudeln; es ist endlich die Nachricht des Vibius: Himera oppido Thermitanorum dedit nomen Himerae, was Cluver veranlasste, den Himera dicht neben Thermae zu suchen, und was ihn in seiner Meinung so sicher machte, dass er sich nicht einmal die Mühe nahm, Fazell zu widerlegen. Es ist aber keineswegs nothwendig, dass die himeräischen Bäder dicht bei der Stadt Himera waren, die selinuntischen waren sogar 18 Millien von Selinus entfernt, und eine Notiz des Vibius allein kann hier eben so wenig wie beim Krimisos etwas gegen andere bessere und unter sich übereinstimmende Zeugnisse beweisen. Uebrigens sagt Vibius nicht einmal mit klaren Worten, dass Thermae am Himera lag[22]).

Von den weiter östlich folgenden Flüsschen der Nordküste sind die beiden nächsten, der Monalos und der Alaesos richtig bestimmt worden: Jener ist der Pollina, dieser der Pettineo.

Die drei hierauf folgenden lassen sich nicht mit derselben Sicherheit bestimmen; es ist möglich, dass es diejenigen sind, welche man seit Cluver dafür hält, aber es sprechen keine besonderen Gründe dafür. Sie kommen sämmtlich nur bei Ptolemaeos vor. Der erste ist der Chydas. Ptolemaeos setzt ihn zwischen Kalakte und Aluntion, d. h. zwischen Caronia und S. Marco. Auf dieser Strecke ergiessen sich die Flüsschen Lauro, Foriano, Inganno, Rosamarina in's Meer, unter denen die Wahl freisteht. Cluver hat sich für den Foriano entschieden. Allerdings setzt er Aluntion nach Acqua dolce, westlich von S. Marco, wodurch Inganno und Rosamarina ausgeschlossen werden; dann könnte es aber immer noch der Lauro sein.

Aehnlich steht es mit dem Tmethos (denn so haben wir den bisher Timethos genannten Fluss nach den besten Handschriften zu nennen), und dem Helikon. Jenen nennt Ptolemaeos zwischen Agathyrnon und Tyndaris. Nun ist allerdings die Lage von Agathyrnon nicht ganz sicher; aber Cluver, der es für S. Marco hielt, hätte eben so gut wie den F. di Naso, den er für den Tmethos hält, den westlicheren Zappulla, oder den östlicheren Patti dafür erklären können, die beide noch zwischen S. Marco und Tyndaris sich in's Meer ergiessen, und wenn wir auch, was richtiger ist, Agathyrnon östlich vom Flusse Zappulla, näher dem Cap Orlando, setzen, so bleibt immer noch die Möglichkeit, dass der Pattifluss der alte Tmethos war, ja es ist in der Nähe des Naso noch der Piraino, der auch Ansprüche geltend machen könnte. Den Helikon, welchen Ptolemaeos zwischen Tyndaris und Mylae aufführt, hält Cluver, und man folgt ihm darin, für den Oliveri; es könnte aber ebensowohl einer der weiter östlich mündendcn Flüsschen Salica, Aranci, Castroreale, S Lucia sein. Cluver hat allerdings für den Castroreale einen anderen antiken Namen, aber, wie wir sogleich sehen werden, mit Unrecht [22]).

Er glaubt nämlich, dass der Castroreale der von Polyb Longanos, von Diodor Loitanos genannte Fluss ist. Dieser Annahme widerspricht aber der Zusammenhang der betreffenden Stellen. Es wird der Krieg erzählt, welchen im Jahre 267 vor Chr. der junge Hieron, Feldherr der Syrakusauer, mit den Mamertinern Messana's führte. Die Schlacht wird am Longanos geliefert, der jedenfalls in der Nähe von Mylae floss. Da nun kurz vorher erzählt ist, dass Hieron im Besitz von Tyndaris war, so hat Cluver geglaubt, den Longanos westlich von Mylae setzen zu dürfen, da er so noch immer östlich von Tyndaris war, und sich also zwischen den Stellungen der beiden feindlichen Parteien befand. Er hat aber übersehen, dass einige Zeilen vorher von Hieron gesagt wird, er habe Mylae eingenommen. Hiernach ist nun die Annahme nicht mehr gestattet, dass die Schlacht westlich von Mylae stattfand. Wenn das Mamertinische Heer so weit vorgerückt wäre, hätte es eine sicherlich nicht unbedeutende Abtheilung Feinde hinter sich gelassen und sich der Gefahr ausgesetzt, von zwei Seiten zugleich angegriffen zu werden. Wir haben also den Longauos östlich von Mylae zu suchen. Es kann der Monforte gewesen sein [24]).

Nun bleiben noch zwei Flussnamen zu besprechen, der Melas und der Facelinus, über welche die Bemerkungen Cluver's ebenfalls nicht befriedigen, obschon sie, wie seine Ansetzung des Longanos, allgemein adoptirt worden sind. Jener kommt nur bei Ovid vor; dieser einzig bei Vibius, wo ein Phoctelinus, Siciliae juxta Peloridem confinis templo Dianae, von Cluver mit vollem Rechte in Facelinus verwandelt worden ist, mit Rücksicht auf zwei Stellen des Lucilius und des Silius, in denen von der Diana Facelina in Sicilien die Rede ist. Dieser

Artemistempel, bei dem sich auch ein Ort bildete, kommt bei Appian als Artemision vor und lag nach dem Zusammenhang dieser Stelle zwischen Mylae und Naulochos, das man in der Gegend von Spadafora gesucht hat. Nun befinden sich zwischen Milazzo und Spadafora ausser dem Monforte, von dem bereits die Rede war, noch der Nocito und der Fluss von Condro, so dass nichts hindert, Jenen für den Melas, diesen für den Facelinus zu halten. Cluver ist dagegen der Ansicht gewesen, Melas und Facelinus seien Namen desselben Flusses, des Nocito, ohne dass ein Grund zu solcher Annahme vorliegt. Wo die Zahl der überlieferten Namen im Vergleich mit den zu benennenden Lokalitäten so gering ist, wie gerade in Sicilien, thut man schwerlich Recht, ohne Grund mehrere Benennungen auf einen Punkt zu häufen [23]).

III.

Ich komme nun zu den Städten der Insel. Ueber diese ist mehr vorgearbeitet, als über die Gebirge und Flüsse, und die Anzahl der Bemerkungen, welche ich hier noch mittheilen kann, ist eben deswegen geringer. Allerdings wartet noch eine grosse Menge von Ortsnamen auf eine richtige Bestimmung, aber bei den Meisten derselben bieten die Stellen der Alten, an denen sie vorkommen, keine Handhabe dazu, welche nur durch Forschungen auf der Insel selbst gefunden werden kann.

Die Reihenfolge, in welcher die zu besprechenden Städte vorgeführt werden sollen, wird eine historische sein, indem ich, von den Städten der Sikaner, der ältesten nachweisbaren Bewohner Siciliens ausgehend, die Städte der Hellenen zuletzt betrachte.

Städte der Sikaner.

Unter den Ortschaften der Sikaner war keine berühmter als Kamikos, die Stadt des Kokalos. Daedalos, der aus Kreta nach Sicilien flüchtete, und von Kokalos aufgenommen und beschützt wurde, machte zum Dank dafür den Zugang zu Kamikos, das auf einem steilen Felsen lag, so eng und krumm, dass er, wie Diodor sagt, von drei oder vier Männern vertheidigt werden konnte. Wo lag nun Kamikos? Seit Cluver hielt man es bis in die zweite Hälfte des vorigen Jahrhunderts, für Siculiana am F. delle Canne, wenige Millien westlich von Girgenti, sodass dieser Fluss der Kamikos der Alten war. Da stellte Pancrazi, der ein ausführliches Werk über die Alterthümer von Akragas veröffentlichte, die Behauptung auf, der Theil des alten Akragas, der das heutige Girgenti trägt, sei Kamikos gewesen, und Einheimische und Fremde sind ihm um die Wette gefolgt, bis man neuerdings die Unhaltbarkeit dieser Ansicht eingesehen hat, und wieder zu Siculiana zurückgekehrt ist. In der That beruht die Meinung, die Burg von Akragas selbst sei Kamikos, auf sehr schwachen Stützen. Diodor sagt von Daedalos, dass er „in der jetzt zu Akragas gehörigen Gegend die auf dem sogenannten Kamikos gelegene Stadt zur allerfestesten gemacht habe". Indem man diese Worte falsch verstand, indem man ferner die steile Lage von Girgenti berücksichtigte, und an die uralten Höhlen dachte, die sich unter demselben hinziehen, meinte man, den Beweis der Identität von Akragas und Kamikos in Händen zu haben, ohne zu bedenken, dass an mehreren Stellen alter Schriftsteller die beiden Orte ausdrücklich geschieden sind. Da nun überdies sich die lokale Tradition in Girgenti der Sache bemächtigt hatte, so hingen manche so fest an der Ansicht von Akragas — Kamikos, dass z. B. Raoul-Rochette mit Andern ein doppeltes Kamikos annehmen zu dürfen glaubte, von denen eines mit Akragas identisch gewesen wäre. Es ist kein Grund dazu vorhanden, und Kamikos als durchaus verschieden von Akragas zu betrachten. War es nun aber Siculiana? Passt die Lage dieses Ortes zu der Schilderung, welche Diodor von Kamikos entwirft? Da der genaue Cluver Siculiana für Kamikos hielt, so könnte man versucht sein, auch ohne dass irgend ein Reisender jene Frage ausdrücklich bejaht hätte, die Sache für entschieden zu halten, und in der That scheinen auch alle die, welche nach ihm Kamikos dorthin versetzten, im Vertrauen auf seine gewöhnliche Sorgfalt es für unnöthig gehalten zu haben, diesen Punkt einer genauern Untersuchung zu unterwerfen. Nur Schade, dass Cluver der eigenthümlichen Ansicht war, die oben citirten Worte Diodor's bedeuteten gar nicht, dass Daedalos jene Arbeit in Kamikos selbst ausgeführt habe, sondern sie seien von Arbeiten desselben an der spätern Burg von Akragas, dem heutigen Girgenti, zu verstehen. Bei dieser, allerdings höchst sonderbaren Meinung hatte Cluver freilich keine Veranlassung, die Lage von Siculiana in Bezug auf ihre Steilheit zu prüfen. Seine Nachfolger hätten alle Ursache hierzu gehabt, aber man hat hier, wie auch sonst noch in der Geographie Siciliens, sich damit begnügt, ihm nachzusprechen, statt ihm nachzuforschen. Es zeigt sich nun, wenn man die in den Reisebeschreibungen vorkommenden Schilderungen der Lage Siculiana's liest, dass sie keineswegs dem Bilde entspricht, dass man sich nach der Diodorischen Stelle von Kamikos entwerfen muss. Nach Smyth steht die Stadt Siculiana „pleasantly" auf zwei Hügeln, und ebenso sagt der Baron von Bussierre, dass sie auf einer Anhöhe liege. Allerdings ist noch ein Schloss da, 1350 von Friedrich Chiaramonte erbaut, an das sich später die Stadt anschloss, aber auch von diesem weiss Bussierre nur zu sagen, dass es „sur un large piédestal calcaire" ruhe, und nach Smyth erhebt es sich „on an eminence". Nirgends findet sich eine Andeutung, dass es durch seine Lage besonders fest sei. Ich hatte deshalb schon lange aufgehört, an die Identität von Siculiana und Kamikos zu glauben, ohne jedoch einen passenderen Ort für die alte Hauptstadt des Kokalos vorschlagen zu können, als mir bei Fazell die Schilderung einer antiken Wohnstätte am rechten Ufer des Platani (Halykos) auffiel, wo „auf einem ringsum steil abfallenden Hügel, Platanella genannt, die gewaltigen Ruinen einer 1 Mill. im Umfang habenden, nur auf einem Pfade zugänglichen Stadt zu sehen sind". Ich glaubte deshalb, an diesen Ort das alte Kamikos versetzen zu dürfen, und es konnte mich der Umstand am wenigsten daran hindern, dass Cluver hier das sonst unbekannte Kotyrga des Ptolemaeos sucht. Inzwischen ist eine andere, ebenso sinnreiche wie kühne Vermuthung über die wahre Lage von Kamikos aufgestellt worden. Schubring hat den Castellberg oberhalb Caltabellotta, einen ebenfalls nur auf einem einzigen Wege, der sehr wohl der Diodorischen Beschreibung entspricht, zugänglichen Berg für die Stätte von Kamikos erklärt. Man muss seine Gründe in seiner Abhandlung über Kamikos — Triokala — Caltabellotta nachlesen. Wenn seine Vermuthung richtig ist, so war der F. die Caltabellotta, wenn die oben von mir ausgesprochene, der Macasoli der Kamikosfluss der Alten; keinenfalls kann noch der Fluss von

Siculiana, der F. delle Canne, in dessen Namen man noch neuerdings sehr mit Unrecht eine Erinnerung an das Wort Kamikos gefunden hat, dafür gehalten werden. Triokala, über dessen Lage doch gar kein Zweifel ist — er lag unmittelbar bei Caltabellotta, — setzen sonderbarer Weise sowohl Parthey wie Kiepert viel zu weit nördlich. Im Spruner-Menke'schen Atlas ist dieser Punkt richtiger angegeben [26])

Städte der Sikeler.

Unter den Städten der Sikeler war eine der merkwürdigsten Engyon, das sich kretischen Ursprungs rühmte. Denn Kreter, welche mit Minos nach Sicilien gekommen waren, um den flüchtigen Daedalos zurückzuholen, sollten nach dem Tode ihres Herrschers in's Innere der Insel gezogen sein, und sich an der Quelle niedergelassen haben, die in der Stadt Engyon aus der Erde hervorsprudelte. Daher rührte denn auch der Kult der kretischen Mütter an diesem Orte. Bereits Fazell erwähnt nun die, seiner Meinung nach, irrige Ansicht, Engyon habe an der Stelle des 1299 zerstörten Alt-Gangi gelegen, da, wo seitdem nur ein grosses Benediktinerkloster sich erhob; und seit Cluver ist sie allgemein herrschend geworden. Es ist nicht zu verkennen, dass sie Vieles für sich hat, insbesondere den Umstand, dass die Klostermauern wirklich eine Quelle umschliessen, aus welcher einer der Nebenflüsse des südlichen Himera (Salso) entsteht. Aber auf einen Umstand, der sie sehr zu erschüttern scheint, ist meines Wissens noch nicht Rücksicht genommen worden. Diodor, der im vierten Buche ziemlich weitläufig von Engyon handelt, welches er, als geborener Agyrinäer, ohne Zweifel aus eigener Anschauung kannte, sagt, dass die Stadt von Agyrion ungefähr 100 Stadien entfernt sei. Nun sind aber S. Filippo d'Argiro und Gangi in Wirklichkeit etwa 5 geographische Meilen, statt 100 Stadien vielmehr 200, von einander entfernt. Es könnte auffallen, dass diese Bemerkung nicht schon früher gemacht ist, wenn nicht die Erklärung darin läge, dass Cluver den Schluss der Diodorischen Nachrichten über Engyon nicht mit abgedruckt hat. Wie steht es nun aber hiernach mit der Frage über den Ort, an welchem Engyon gegründet ward? Ich habe mich vergeblich bemüht, in der von Diodor bezeichneten Entfernung von Agyrion einen Punkt aufzufinden, an welchem die Stadt der Kreter gelegen haben könnte. Es ist deshalb nicht unwahrscheinlich, dass in der Diodorischen Stelle die Zahl hundert falsch ist. Wir haben ein anderes Beispiel einer vollkommen falschen Zahl bei Diodor XI, 38, wo das Grabmal Gelon's 200 Stadien von Syrakus entfernt sein soll, was wenigstens das Zehnfache der wirklichen Entfernung ist [27]).

Einer genauern Forschung, als ihr bisher zu Theil geworden ist, bedarf, in Betreff der antiken Städte, welche dort gelegen haben können, unter andern die nähere und fernere Umgegend des Sees der Paliken, des heutigen Lago Naftia, 3 Millien von Palagonia und 2 von Mineo, dessen merkwürdige Eigenschaften von sicilischen wie auswärtigen Naturforschern mehrfach untersucht worden sind. Ich knüpfe einige Bemerkungen darüber an folgende Worte Diodor's von Duketios, dem Könige und Feldherrn der Sikeler in der Mitte des 5. Jahrhunderts vor Chr. Er sagt: „Neae, welches seine Vaterstadt war, verlegte er in die Ebene und gründete nahe bei dem heiligen Bezirke der sogenannten Paliken eine bedeutende Stadt, die er nach dem Namen dieser Gottheiten Palike nannte". Sonst kommt Neae nicht vor; von Palike sagt Diodor später, dass es bald zerstört wurde und bis zu seiner Zeit unbewohnt blieb. Derselbe Schriftsteller hatte schon vorher von Duketios erzählt, dass er die Stadt Menaenon gegründet habe. Wenn nun bei Cicero Verr. III, 22 und 43 Menanii oder Menaeni genannt werden, sowie bei Plin. III, 8 Menanini, und eine Quelle bei Vibius Menais heisst, so ist zunächst zu schliessen, dass es eine Stadt Menae in Sicilien gab (Ableitung Menais) deren Einwohner Menaei, auch Menaeni genannt wurden, weshalb man die Stadt selbst auch Menaeon oder Menaenon nannte, ähnlich wie man für Kentoripa oder Centuripa wegen des Einwohnernamens Centuripini auch Centuripinum sagte. Sodann ist klar, dass dies Menae das heutige Minco ist, bei welchem Fazell uralte Mauern erwähnt. Einige sind aber mit dieser Identificirung von Menae und Menaenon nicht zufrieden gewesen, sie haben auch Neae hineinziehen zu müssen geglaubt, und deshalb bei Diodor XI, 88 statt Neae lesen wollen Menae. Nun war, wie wir sahen, Neae die Vaterstadt des Duketios, Menaenon aber hat er gegründet; man hätte denken sollen, dass dies eine Identificirung Beider unmöglich gemacht hätte; trotzdem haben, seit Cluver sich über die Unmöglichkeit mit der kühnen Bemerkung hinweggesetzt hatte: „es gründete diese Stadt Duketios, weil er an diesem Orte geboren war", noch Mannert und der Mitarbeiter (F.) der Pauly'schen Realencyclopädie sich für Menae bei Diod. XI, 88 erklärt, Letzterer mit folgenden Worten, bei denen die Geschicklichkeit zu bewundern ist, mit der in wenigen Zeilen möglichst viele Irrthümer zusammengehäuft sind: „(Menae) eine Bergstadt an der Ostküste Siciliens" (sie liegt im Innern, etwa 30 Millien von der Küste) „südlich von Hybla" (von den 3 Hybla, die man in Sicilien kennt, lag eins 20 Millien südlich von Minco, ein anderes 25 Millien nordöstlich, das dritte ungefähr eben so viel östlich, und ganz sicher ist nur die Lage des dritten) „die Vaterstadt und Residenz des Ducetius, eines gefährlichen Gegners des Dionysius von Syracusae". (Duketios starb 440 vor Chr. und Dionys regierte von 407—368.) Abgesehen von der Unmöglichkeit, die Vaterstadt des Duketios mit der Stadt, die er gründete, zu identificiren, ist auch hier wieder Grund, die oben bei Gelegenheit des Melas gemachte Bemerkung zu wiederholen: da wir für so wenig Punkte Siciliens die antiken Namen kennen, weshalb ohne Veranlassung die geringe Zahl der überlieferten dadurch noch vermindern, dass man mehrere für gleichbedeutend erklärt? Es fehlt wahrlich nicht in Sicilien an Spuren antiker Wohnsitze, und man ist eher in Verlegenheit, welchen man für Neae auswählen soll, als dass man nöthig hätte, den Namen ganz zu streichen. Bei der Bestimmung der Lage von Neae muss aber der Zusammenhang der aus Diod. XI, 88 citirten Stelle berücksichtigt werden. Er verlegte, heisst es, Neae in die Ebene, und gründete bei den Paliken die von ihm Palike benannte Stadt. Diese beiden Nachrichten können entweder nichts mit einander zu thun haben oder sich gegenseitig ergänzen; mit andern Worten, Neae behielt entweder, auch in der Ebene, diesen Namen und Palike lag ganz anderswo, oder Palike wurde der Name des in die Ebene verlegten Neae. Ich halte letztere Erklärung für die richtige. Dann hätte also Neae auch in der Nähe des Palikensees gelegen und es wäre nicht unmöglich, dass man es an der Stelle des heutigen Militello, mehrere Millien östlich von Mineo zu suchen hätte. Palike sucht Fazell auf einem bestimmten Hügel am Lago Naftia, wo sich nach seiner Angabe Ueberreste einer Stadt befinden; und die späteren Reisenden Houel und de Sayve geben an, dass dieser Hügel den Namen La Roca führt. Allerdings sagt Diodor,

Palike habe in der Ebene gelegen, aber es ist immerhin möglich, dass die nächste Umgebung des Sees im Gegensatze zu den ferneren Gebirgen als Ebene betrachtet werden dürfte [28]).

Ich bemerke noch, dass in Sicilien einige Städtenamen vorkommen, welche mit Nene und Menae eine gewisse Aehnlichkeit haben, und deshalb von manchen Gelehrten ebenfalls nicht für richtig gehalten worden sind. Bei Diod XI, 91 erscheint Nomae als der Ort, bei welchem Duketios von den Syrakusanern die entscheidende Niederlage erlitt. Dindorf will an dieser Stelle entweder Menae oder Noae lesen, als ob ein sonst nicht vorkommender Name durchaus falsch sein müsste. Wenn dagegen Cluver diesen Ortsnamen auch bei Silius hat finden wollen, wo er XIV, 266 lesen will: comitata Nomacis venit Amastra viris, so ist dieser Conjectur die handschriftliche Lesart Menacis vorzuziehen. Jedenfalls ist Nomae als sicilischer Ortsname festzuhalten, ohne dass jedoch zu sagen wäre, wo es lag. Man hat, gestützt auf die angeführte Stelle des Silius, es in der Nähe von Mistretta (Amastra) gesucht; natürlich fällt diese Annahme mit der Lesart Nomacis; aber selbst wenn bei Silius Nomacis gelesen würde, wäre sie nicht sicher, da der Dichter nach Bedürfniss des Metrums die Ortsnamen zusammengestellt haben wird. Ich möchte glauben, dass Nomae südlicher zu suchen wäre, da Duketios überhaupt mehr im Süden Krieg führt, und er bald darauf nach Syrakus flüchtet.

Sodann findet sich bei Stephanos von Byzanz Noae als Name einer sicilischen Stadt. Auch Suidas und Favorinus geben ihn und bei Plin. III, 8 werden Noini oder Noaeni erwähnt, wofür Sillig die auch von L. v. Jan angenommene Verbesserung Noaei aufnimmt. Seit Cluver denkt man hierbei an Noara, das südlich von Tripi an den Quellen des F. Salica liegt, der sich zwischen Cap Tindaro und Cap Milazzo in's Meer ergiesst [29]).

Von den sikelischen Städten der Nordküste verdienen Agathyrnon und Aluntion eine kurze Besprechung. Aluntion schildert Cicero als auf einem steilen Berge liegend, den Verres zu bequem war, zu ersteigen. Nun hat man eine Inschrift, in welchem von dem Municipium der Aluntiner die Rede ist, in dem heutigen S. Marco gefunden, das östlich vom Flusse Rosamarina auf einer steilen Höhe liegt, so dass anzunehmen ist, dass S. Marco Aluntion war. Ferner soll Agathyrnon von Tyndaris 28 Millien nach dem Itinerar Antonin's, 29 nach der Peutinger'schen Tafel, 30 endlich nach der Chorographie Strabon's entfernt gewesen sein. Heutzutage rechnet man 26 Millien zwischen Tindaro und dem Cap Orlando, so dass Agathyrnon etwa 3 Millien westlich von diesem Vorgebirge zu suchen wäre, nördlich von dem Flusse Zappulla. Fazell findet es, wie es scheint, ganz nahe am Cap Orlando, an einem S. Martino genannten Orte, wo schon zu seiner Zeit nur geringfügige Ueberreste aus dem Ackerboden hervorragten. Die auf diese Weise einzeln gewonnenen Bestimmungen der Lage der beiden Städte stimmen sehr wohl mit den kurzen Aufzählungen bei Plinius und Ptolemaeos überein, nach welchen Agathyrnon östlich von Aluntion lag. Wir dürfen uns also bei der Annahme beruhigen, dass Aluntion an der Stelle von S. Marco, östlich vom Flusse Rosamarina, Agathyrnon nahe dem Cap Orlando gelegen hat, und haben darnach nicht weiter auf die sehr von einander abweichenden Ansetzungen der neueren Gelehrten Rücksicht zu nehmen, von denen Parthey zwischen seiner Karte und seinem Inhaltsverzeichniss in so fern einen nicht aufzuklärenden Unterschied obwalten lässt, als er in

Diesem Agathyrnon nach S. Agata versetzt, d. h. nur 3 Millien von dem Orte, an welchem nach der Karte Aluntion lag, während auf Jener Agathyrnon etwa 3 Millien weiter östlich gerückt ist [10]).

Städte der Phönicier.

Ueber die hauptsächlichsten Wohnsitze der Phönicier auf Sicilien sind wir bekanntlich durch Thukydides (VI, 2) unterrichtet. Er nennt drei Städte, Motye, Soloeis und Panormos als ihnen gehörig. Während nun die Lage der beiden Letzteren vollkommen fest steht, — in Soloeis sind neuerdings mit besonderm Eifer Ausgrabungen gemacht worden — haben sich über die Lage von Motye irrige Ansichten verbreitet, die gerade in Deutschland noch immer nicht ganz der Wahrheit gewichen sind. Es wird deshalb nicht unangemessen sein, auch diese Frage hier in aller Kürze zu erörtern.

Die ersten Forscher über Siciliens Alterthümer waren im Allgemeinen der Ansicht, dass Motye in der Nähe von Panormos und Soloeis gelegen haben müsse. So suchte Arezzo es an der Bucht von Mondello, nördlich vom Monte Pellegrino; Fazell in den Ruinen beim Thurme Sferracavallo an der etwas weiter westlich, zwischen dem Cap Gallo und der Isola delle Femmine gelegenen Bucht; Buonfigli endlich, der im Anfang des 17. Jahrhunderts schrieb, auf der so eben genannten Insel selbst. Alle diese Irrthümer beseitigte Cluver, indem er (312) die Isola S. Pantaleo als das alte Motye nachwies. S. Pantaleo liegt nördlich vom Lilybäischen Vorgebirge in der Mitte einer von zwei niedrigen Inseln Borrone und Longa eingefassten Bucht, die gegenwärtig sehr seichtes Wasser hat. Die Gründe, welche für S. Pantaleo sprechen, und welche theilweise von Cluver, sowie von dem Herzog von Luynes in den Annalen des archäologischen Institutes bereits hervorgehoben sind, sind folgende. Motye lag auf einer Insel, sechs Stadien von Sicilien entfernt, nach Diod. XIV, 48; es lag von Panormos aus hinter Eryx, da der karthagische Feldherr Himilkon, der in Panormos gelandet war, auf seinem Marsche Eryx nahm und dann bei Motye ein Lager aufschlug, nach Diod. XIV, 55; es lag endlich dicht bei Lilybaeon, nach Diod. XIII, 54, wo Hannibal, der, um Selinus zu erobern, auf Sicilien gelandet ist, sein Lager aufschlägt, „von dem Brunnen an, der damals Lilybaeon hiess" (die Stadt Lilybaeon existirte noch nicht) und seine Schiffe in dem Busen von Motye an's Land zieht, sowie nach Diod. XIV, 50, wo Himilkon „nach Umschiffung des Vorgebirges Lilybaeon mit Tagesanbruch vor Motye eintraf." Allen diesen Bestimmungen entspricht die Isola S. Pantaleo, wo überdies Reste einer alten und zwar phönicischen Stadt gefunden worden sind. Dennoch versetzen die in neuerer Zeit in Deutschland erschienenen Karten und Bücher mit seltener Uebereinstimmung Motye auf die kleine Isola di Mezzo, die in geringer Entfernung südlich von Trapani nahe der Küste liegt. Ich habe mich vergeblich nach Gründen für diese Annahme umgesehen. Mannert, von dem sie herrührt, sagt kurzweg, dass eine Meile südlich von Trapani eine Landzunge in's Meer laufe, auf deren Spitze der Thurm Nubia stehe; „und in sehr geringem Abstand nördlich gegenüber ist die kleine Insel di Mezzo; auf dieser lag Motye. Zwischen der Insel und der Landzunge befand sich der Hafen, und über die Erdzunge konnte man die Schiffe hinwegziehen." Mit dieser Anspielung auf die berühmte Belagerung Motye's durch Dionys, die wahrlich nicht in zwei Zeilen sich erläutern lässt, ist nichts bewiesen. Die angeführten Stellen Diodor's widersprechen einer so nördlichen Ansetzung von Motye, und überdies kann die Insel, wie mir Schubring geschrieben hat, wohl ein paar Häuser tragen, aber nicht eine wenn auch noch so kleine Stadt. Es bleibt schliesslich kein anderer Grund denkbar, der Mannert bewogen haben kann, gegen alle geschichtlichen Zeugnisse eine Insel, von deren Umfang er offenbar nichts gewusst hat, für Motye auszugeben, als die leidige Namensähnlichkeit (Motye Mezzo), die schon zu vielen Irrthümern in der historischen Geographie Veranlassung gegeben, und auch bei Sicilien manche Fehler verursacht hat.

Nur wer weiss, dass Motye auf der Insel S. Pantalco lag, begreift, weshalb in der ältern Zeit auf dem Vorgebirge Lilybaeon keine phönicische Stadt sich erhob, die eben erst nach der Zerstörung Motye's angelegt wurde. Die Häfen von Motye und von Lilybaeon sind nicht sehr von einander verschieden [51]).

Städte der Elymer.

Unter die Städte der Elymer, jenes mit den Phöniciern eng verbündeten Volkes von angeblich trojanischer Herkunft, darf nach meiner Ansicht Elyma oder Helyma nicht aufgenommen werden, das Parthey und Kiepert, dieser allerdings mit einem Fragezeichen, noch auf ihren Karten haben. Die schon sehr alte Annahme beruht nur auf einer Stelle des Dionys von Halikarnass, wo von Aeneas gesagt wird, dass er seinen Landsleuten, den Elymern, in Sicilien die Städte Aegesta und Elyma gründet. Sonst kommt ein solcher Städtename nirgends vor. Da nun Dionys die Stadt Eryx nicht nennt, welche von Vergil im fünften Buche der Aeneis neben Segesta als Gründung des Aeneas bezeichnet wird, da er ferner einige Zeilen nach der angeführten Stelle als Haupterinnerung an Aeneas in Sicilien den Altar der Aphrodite Aeneas auf dem Gipfel τοῦ 'Ἐλύμου nennt, so ist klar, dass Cluver vollkommen Recht hatte, bei Dionys eine Verwechslung der Namen zu vermuthen, und sowie der Altar der Aphrodite Aeneas nicht auf dem Gipfel von Elyma steht, sondern auf dem des Eryx, so ist auch dies, und nicht Elyma, die zweite von Aeneas gegründete Stadt.

Städte der Griechen.

Die hellenischen Städte der Insel, welche in Betreff ihrer Topographie noch zu manchen Fragen Veranlassung geben, werden hier, wo es sich darum handelt, ihre Lage im Allgemeinen und den Ort, welchen sie auf der Karte einnehmen sollen, zu bestimmen, nur wenig Raum in Anspruch nehmen. Es ist das natürlich genug, denn sie haben fast alle eine so grosse Bedeutung für die Geschichte der Insel gehabt, dass mehr oder weniger deutliche Spuren von ihnen an den Orten, wo sie lagen, zurückgeblieben sind, und mehrere derselben haben sich bis in die Gegenwart als grosse und blühende Städte erhalten. Nur von dreien unter ihnen wüsste ich für die Gestaltung der Karte Bemerkenswerthes mitzutheilen [17]).

Kamarina setzen die hier besonders in Betracht kommenden Karten, die von Parthey und die von Kiepert, nördlich von dem F. di Camarana, der durch den See oder Sumpf von Camarana fliesst. Mit dem südlich von diesem Flusse mündenden Frascolaro hätte auf diese Weise die antike Stadt in keiner Berührung gestanden. Jenes war der Hipparis der Alten, dieses der Oanis, die beide in enger Verbindung mit Kamarina vorkommen. Dagegen berichtet Fazell im Anfange des zweiten Kapitels des fünften Buches seiner ersten Dekade: „Die Stadt Kamarina liegt 500 Schritte vom Flusse Oanos oder Frasculuro entfernt. Sie wurde auf einer Anhöhe zwischen den zwei Flüssen Oanos und Hipparis gegründet". Dies Zeugniss, mit welchem spätere Reisebeschreibungen übereinstimmen, ist entscheidend, wir haben also Kamarina zwischen die beiden Flüsse zu setzen, und so rechtfertigt sich die Ansetzung der Stadt auf den neuen Karten des Spruner-Menke'schen Atlas, während die sich auf Nr. XXI findende sich als falsch erweist[13]).

Während uns in diesem Falle noch vorhandene Ueberreste bei der Berichtigung der Karte geleitet haben, sind wir für die Bestimmung der Lage von Gela ganz besonders, ja bis jetzt eigentlich ausschliesslich, auf Stellen der Alten und deren richtige Interpretation angewiesen. Wenn Gela nicht bei Historikern in ausführlichen Berichten über Schlachten, welche in seiner Nähe geliefert wurden, vorkäme, so würde Niemand daran zweifeln, dass es rechts von der Mündung des südlichen Himera, des heutigen Salso, etwa an der Stelle von Licata lag. Dies war die Ausicht der einheimischen Forscher des sechszehnten Jahrhunderts, welche sich dabei besonders auf die Menge der bei Licata gefundenen Geloischen Münzen stützten. Und als nun Cluver aus Gründen, die ich alsbald kurz zusammenfassen werde, nachgewiesen hatte, dass Gela weiter östlich, bei Terranova, gelegen haben müsse, da ward noch, um das Jahr 1660, bei Licata eine griechische Inschrift entdeckt, die sich mit deutlichen Worten als eine öffentliche Urkunde der Stadt Gela auswies. Sie steht im Corpus Inscriptionum Nr. 5475. Eine andere, ebendaselbst gegen 1685 gefundene (C. I. Nr. 5476) bezieht sich, obschon sie den Namen Gela nicht nennt, doch ganz augenscheinlich auf keine andere Stadt. Dies müsste vollkommen genügen, um Licata als Gela nachzuweisen — und von den Sicilianern haben bis auf den heutigen Tag die Meisten dieser Ansicht gehuldigt — wenn nicht der Bericht Diodor's (XIX, 107—110) über eine von Agathokles den Karthagern gelieferte Schlacht widerspräche. Hier haben die Karthager den Berg Eknomos besetzt, Agathokles das Phalarion; die feindlichen Heere trennt ein Fluss, der, wie sich aus dem Zusammenhang ergiebt, der Himera ist. Als Agathokles besiegt ist, flieht sein geschlagenes Heer eine deutsche Meile weit, ehe es sein festes Lager erreicht. Dann erzählt Diodor weiter, wie Agathokles das Lager anzündet und nach Gela abzieht. Wir sind also genöthigt anzunehmen, dass Gela ziemlich weit östlich vom Himera entfernt war. Cluver war nun der Ansicht, dass es rechts von der Mündung des Terranovaflusses, etwa an der Stelle des heutigen Terranova gelegen habe, und man ist ihm durchgängig gefolgt, so dass die Karten diese Lage verzeichnen. Dem widerspricht aber, wenn ich nicht gänzlich irre, das was Diodor XIII, 108 ff. von der zwischen Dionys dem Aelteren und den Karthagern im J. 405 v. Chr. gelieferten Schlacht erzählt. Nach XIII, 108 schlagen die Karthager am Flusse Gela ihr Lager auf. Dionys zieht ihnen entgegen. Er lagert östlich von Gela, am Meere (109). Sein Heer theilt er in drei Haufen, von denen der Eine die Stadt links, der Andere, sie rechts lassend, der dritte endlich, durch sie hindurch marschirend, die Feinde angreifen soll. Der Plan wird ausgeführt und das karthagische Lager angegriffen (110). Aber der Angriff mislingt, und die Griechen müssen sich in die Stadt zurückziehen. Hieraus ergiebt sich deutlich, dass Diodor sich Gela am linken Ufer des Gelaflusses liegend denkt, denn da die Karthager am Flusse stehen, und Dionys, der von Osten kommt, die

Stadt durchziehen muss, um zum feindlichen Lager zu gelangen, ist keine andere Schlussfolgerung möglich. Allerdings ist mir nicht bekannt, dass man östlich von der Mündung des Terranovaflusses Spuren einer antiken Stadt gefunden hat, während die Stätte von Terranova selbst deren manche bietet. Aber da bei der Bestimmung der Lage Gela's überhaupt die Schriftsteller, nicht die Monumente die Entscheidung gegeben haben, so kann auch für die besondere Frage, ob die Stadt rechts oder links vom Flusse lag, das Zeugniss eines Historikers als ausreichend betrachtet werden. Ich setze deshalb, bis der Gegenbeweis geliefert ist, den Nachrichten Diodor's entsprechend, die Stadt östlich vom F. di Terranova. Wenn freilich bewiesen werden könnte, dass nicht dieser Fluss, sondern ein weiter westlich zwischen ihm und dem Salso mündender, etwa der Manfria, der Gela wäre, so würde auch die Stadt Gela sich weiter nach Westen von Terranova entfernen; und das wenigstens lässt sich nicht wohl läugnen, dass der Diodorische Bericht über die Schlacht zwischen Agathokles und den Karthagern, auf dem die Nothwendigkeit beruht, Gela östlich vom Salso zu suchen, nicht hindert, die Stadt bereits links vom Manfria zu setzen. Es ist möglich, dass Forschungen an Ort und Stelle Licht in diese dunkle Frage bringen [34]).

Und jetzt habe ich nur noch wenige Worte von Himera zu sagen. Ich habe oben gezeigt, dass der Himerafluss, neben dessen Mündung im Westen die gleichnamige Stadt lag, allen Zeugnissen zufolge, nicht der F. di Termini, für den man ihn seit Cluver gewöhnlich hält, sondern der F Grande war. An der Stelle nun, wo hiernach einst Himera lag, bei der Masseria di Buonfornello, finden sich die deutlichsten Spuren einer antiken Stadt, deren Schilderung bereits im vorigen Jahrhundert von Houel mit dem Beifügen gegeben worden ist, man nenne diesen Ort les pierres d'Himère. Neuerdings hat Cavallari einen kleinen Plan der Gegend veröffentlicht. Es wird also mit dem Flusse auch die Stadt Himera den Platz, den sie noch bei Kiepert, wie bei Spruner-Menke einnimmt, mit einem östlicheren vertauschen müssen [35]).

IV.

Seit Cluver ist der Gebrauch herrschend geworden, möglichst vielen Ortsnamen auf der Karte Siciliens einen Platz anzuweisen. Man stellte zusammen, welche Namen noch unterzubringen waren, und andererseits, welche Orte Spuren antiker Wohnsitze trugen, und vertheilte dann jene über diese, ohne im Einzelnen Gründe für die Ansetzung zu haben. Fand sich nun überdies ein moderner Ort, dessen Name eine entfernte Aehnlichkeit mit dem einer antiken Ortschaft hatte, so wurden die beiden für identisch erklärt. Die so fixirten antiken Ortsnamen sind meistens solche, die nur ein oder zwei Mal bei Geographen oder Lexikographen vorkommen, und deswegen fast ohne Bedeutung für die Geschichte sind. Es wäre vielleicht richtiger, sie, da sie ohne Nutzen sind, aus den Karten wegzulassen.

So sehen wir bei Parthey an der Stelle, wo jetzt Licata liegt, Achetum. Es soll sich bei Silius XIV, 268 finden, wo aber von der pubes liquentis Achaeti die Rede ist, so dass das Wort eher einen Fluss als eine Stadt bezeichnet. Sodann kommen bei Cicero Verr. III, 43 Acherini vor, wofür Einige Achetini lesen wollen. Dass aber Achetum (wenn es überhaupt existirte) Licata sei, dafür kann kein anderer Grund gefunden werden, als ein etymologischer: Licata wäre aus L'Acheta entstanden. Aber wenn dort eine antike Stadt lag, was wahrscheinlich ist, so war es eher das im 4. Jahrhundert vor Chr. gegründete Phinthias, worüber man Cluver 261 ff. vergleichen kann, und das Parthey und Kiepert ohne Grund ein wenig weiter nach Westen setzen.

Bei Diod. XIV, 48 kommt eine Stadt Ankyrae vor, die im Westen der Insel lag. Nun kennt Ptolemaeos Ankrina, was offenbar derselbe Ort ist. Schon Cluver hat bemerkt (461), dass dies eine ähnliche Umänderung des richtigen Namens ist, wie wenn aus Agyrion, Menae, Agyrina, Menena gebildet wird. Diesen Ort suchte Cluver 7 Millien landeinwärts von Heraklea (C. Bianco) in Ruinen zwischen Pecuraro und Platanella. Parthey sondert die beiden Namen, lässt Ankrina an dem von Cluver bezeichneten Ort und sucht Ankyrae weiter nördlich am obern Lauf des Terminiflusses, im heutigen Vicari. Ausser dem Klang der Worte — Ankyrae, Vicari — liegt auch hier kein Grund vor [16]).

Diodor hat ein Land der Ankylier. Da nun bei Cicero Verr. III, 43 die allerdings den besseren Handschriften unbekannten Icilienses vorkommen, so sollen nach Parthey, der Incilienses liest, diese mit den Ankyliern identisch sein, und in dem heutigen Scillato, südlich von Cefalu, sich wiederfinden lassen. Hier wird selbst die Namensähnlichkeit, worauf die Annahme sich stützt (Incilii, Scillato) ziemlich schwach [17]).

Das bei Silius XIV, 271, Stephanos von Byzanz und Suidas vorkommende Arabela oder Arbele soll, wie Parthey zweifelnd nach Reichard annimmt, der nördlich von Taormina im Gebirge liegende Ort Aurilla sein.

Eine auf ähnlichen etymologischen Stützen ruhende Annahme, dass Bidis, ein bei Cicero Verr II, 22 vorkommender kleiner Ort das heutige S. Giovanni di Bidini, in der Nähe von Palazzolo gewesen sei, ist schon von Bonanni in seiner Antica Siracusa (Ausgabe von Palermo 1717 Pag. 159) mit der Bemerkung widerlegt worden, dass diese Kirche des heil. Johannes nicht di Bidini, sondern Bibino magno heisse.

Da bei dem Geographus Ravennas ein sicilischer Ort Caripa vorkommt und in der Nähe von Castrogiovanni ein Ort liegt, der Valguarnera di Carapipi heisst, so sollen die Beiden identisch sein.

Parthey hat oberhalb Messana's Citarini, freilich zweifelnd (wie auch bei allen oben genannten ein Fragezeichen steht). Der Name findet sich bei Cicero Verr. III, 43, und bei Plinius III, 8 kommen Cetarini vor. Da nun Ptolemaeos ein Ketaria im Westen der Insel kennt — ein vortrefflicher Name für einen Ort, wo Thune und andere grosse Fische gefangen wurden — so ist klar, dass auch bei Cicero die Citarini eigentlich Cetarini sind. Wenn es aber wirklich Citarini gäbe, so würden sie schwerlich da zu suchen sein, wo Parthey sie ansetzt. Die Annahme beruht nämlich auf der Namensähnlichkeit mit Catarra, wie nach ihm ein Ort bei Messina heisst. Nun finde ich auf der Karte von 1826 einen Ort Namens Catarratta, eine halbe deutsche Meile von Messina im Gebirge, angegeben, offenbar das Catarra von Parthey, und dieser Name, der sehr passend an die Wasserstürze erinnert, die sich im Winter die Schluchten des Gebirges hinab in die Strassen von Messina ergiessen, hat mit Citarini nichts zu schaffen. Wer wird übrigens glauben, dass eine halbe Meile von Messana eine selbständige, wenn gleich kleine Bürgerschaft existirte?

Eiselos, ein Kastell Siciliens, das nur Stephanos von Byzanz nennt, soll das jetzige Ianello sein. Die Namensähnlichkeit ist sehr schwach. Nicht viel besser steht es mit Elavia, das sich ebenfalls nur bei Stephanos findet, und dem heutigen Elato entsprechen soll.

Etini soll zu Aidone geworden sein; aber Etini ist nur eine falsche Lesart für Enini bei Plin. III, 8.

Euboea war eine hellenische Colonie, von der wenig bekannt ist. Nach Parthey wäre es das heutige Eubali gewesen, ein Ort im Gebirge in der Nähe von Traina. Ich sehe die Wahrscheinlichkeit nicht ein, dass mitten unter sikelischen Städten, so tief im Innern des Landes, diese griechische Stadt gelegen haben sollte.

Dass Lichandos (Steph.) Ligiari, Longaricum (It.) Pietralonga, Longona (Steph.) Alonge sein sollen, hat nur die Namensähnlichkeit für sich.

Bei Polybios I, 24 kommt im Westen der Insel Makella vor, ein anderes Macella im Osten bei Liv. XXVI, 21. Plin. III, 8 hat Magellini. Genauer ist die Lage der Beiden nicht zu bestimmen. Da nun das östliche Macella von Cluver für Rosmano in der Nähe Enna's gehalten wird, andererseits aber die Worte Macella und Mascali eine gewisse Aehnlichkeit haben, so hat Parthey aus dem einen Orte zwei gemacht, indem er so wohl die Ansetzung Cluver's als die andere auf seiner Karte wiedergiebt, und im Inhaltsverzeichniss ausser Macella (Mascali, Liv. XXVI, 21) noch Magella (Rosmano, Cluver) aufführt.

Von Piakos, welches nur bei Stephanos von Byzanz vorkommt, vermuthet Parthey, dass es Piazza geworden sei. Wenn derselbe bei Polyzelion, das bekanntlich bei dem Rückzuge der Athener vorkommt, Palazzuolo mit Beifügung eines Fragezeichens bemerkt, so sieht man den Sinn dieser Bemerkung schwer ein. Natürlich ist an das bekannte Palazzuolo, das alte Akrae, nicht zu denken, wenn aber Parthey gefunden hatte, was sonst nicht bekannt ist, dass in der Nähe der Küste, südlich vom Anapos, wo die Athener zogen, ein Ort Namens Palazzuolo liegt, was bedurfte es da eines Fragezeichens?

Aus der Kiepert'schen Karte bemerke ich noch, dass der Verfasser in einen Irrthum verfallen ist, wenn er Mergana als den Namen eines antiken Ortes angiebt, der in der Nähe des Terminiflusses gelegen habe. Bei Stephanos von Byzanz kommt Morgyna vor, und dies hat Cluver (472) in dem eben dort gelegenen Margana vermuthet. Allerdings hat Polybios I, 8 einen Ort Mergane, aber schon Cluver hat nachgewiesen, dass dieser näher bei Syrakus zu suchen ist.

Belege.

¹) Arezzo's Werk steht im ersten Bande des Thesaurus Antiquitatum Siciliae etc. digeri coeptus cura et studio J. G. Graevii, cum praeff. P. Burmanni. Lugd. Bat. 1723. Fol. Auf Pag. 2 der Vorrede ist es P. Burmann begegnet, von Aretius zu sagen: patris sui Cardinalis meminit p. 8. Ar. spricht dort nämlich von einem Flusse Aeneus, qui fundum cui nomen Cardinalis patris mei interluit! — Von Vicari ist bei Arezzo die Rede p. 6 E. der Leydener Ausgabe. — Paciorus nunc Palazolus p. 8 E. — Calatagironem — eam Calatam fuisse seu Calinactem opinamur 17 F. — Selinis oppidum, Salemis nostra tempestate 23 C. — Mactorium — Cicero Macharensem agrum dixit, hodie Mazarinum 15 A. — Cacyrum, hodie Cassarum 8 E. — Von Megara: nobis vero eam esse Megaram, quae Augusta nominatur, magis placet 22 F. — Von Acrae: nisi sit Acrae Claramons oppidum, ut principio Acraemons, postea Claramons esset appellatum 33 A. — Von Casmenae: Casmenas Comisum vocamus 33 A. — Agurium unter den unbestimmbaren Ortsnamen 34 B. — Keine Berücksichtigung verdient trotz der Empfehlung Burmann's die im Thesaurus Ant. Sic. hinter der Schrift Arezzo's abgedruckte Descriptio Siciliae von Dominicus Marius Niger, zu deren Charakterisirung folgendes dienen mag. Der Eleutheros bei Palermo heisst auch Heloros; bei Licata fliesst der Motychanos; Alabus und Anapus sind identisch; Mazarino ist Megara. Dennoch ist Niger durch Cluver's Vermittlung die Ehre zu Theil geworden, dass seine Annahme, das alte Tissa habe an der Stelle des heutigen Randazzo nördlich vom Aetna gelegen, bis jetzt in die Karten Aufnahme gefunden hat. Gründe sind weder dafür noch dagegen vorhanden.

²) Fazell's Werk steht im vierten Bande des Thesaurus. — Ueber Heraklea spricht F. 134 DE. der Leydener Ausgabe. — Von Selinus 167. 68. Die Stelle Diodor's, welche Fazell aufliel, steht XIII, 54. — Dass Comiso nicht Casmenae sei, sagt F. 239 E. — Zwischen Biscari und Butera nennt er Casmenae 39 B. — Von Segesta spricht er 179 C. — Motye am Vorgebirge Pachynos 128 B. Bei Sferracavallo 184 E. — Inykon 131 B. — Murgantia 78 D. — 243 B. sagt er von den Kretern: hi postea ab Ochyra recedentes als Uebersetzung von Diodor IV, 79: ὁρμώμενοι δ'ἐξ ὀχυρᾶς πόλεως.

³) Cluver's Werk steht im ersten Bande des Thesaurus. — 353 E. sagt er: hodieque inter Termini atque Gifalu opida XXIV numerantur millia passuum. At millia haec inter Cephaloedim et Panormum XLVIII tam exigua sunt, ut ea uno die haud perinde accelerato gradu pedibus mense Aprili confecerim. — Ueber Naxos spricht Cl. 109 E. Er schliesst aus der Angabe des Itinerars, dass 35 Millien von Messana nach Naxos seien, dass dies gelegen haben müsse apud flumen quod vulgari nunc adpellatione incolis dicitur fiume Freddo.

⁴) Chr. Cellarius Notitia orbis antiqui Lips. 1701. 2 Voll. 4. handelt von Sicilien in. lib. II. cap. XII; p. 968—1022 des zweiten Bandes.

⁵) Jac. Phil. D'Orville, Sicula, quibus Siciliae veteris rudera illustrantur; ed. et comm. ad numism. Sicula etc. adjecit P. Burmannus Secundus. Amst. 1764. 2 Voll. Fol. Er handelt von den Flüssen westlich von Akragas p. 78 ff., von Gela 125 ff, von Megara 172, von Herbessos 108 ff., von Maktorion 123, von Herbita 160 ff.

⁶) Mannert, Geographie der Griechen und Römer. Thl. IX. Abth. 2. Lpzg. 1823, wo S. 235—468 von Sicilien handelt. — Er spricht von der Inschrift und den Münzen der Philisti

S. 336, von Agyrion S. 418. 19, von den Aquae Segestanae S. 395, von Hykkara S. 398. — Die Thatsache, dass noch im 12. Jahrhundert die Strasse von Palermo nach Trapani durch Carini führte, bezeugt Edrisi, nach Amari, Storia dei Musulmani di Sicilia. Fir. 1858. II, 67 n. 1.
⁷) Siciliae antiquae tabula emendata. Auctore G. Parthey. Berol. 1834. 20 S. 8. und Karte. — Sil. XIV, 229 heisst es unter den Römischen Bundesgenossen:
Qui fontes, vage Chrysa, tuos, et pauperis alvei
Hipparin, ac facilem superari gurgite parco
Pantagiam, rapidique colunt vada flava Symaethi.
Hier las man Vagedrusa; die Conjectur Barth's, vage Chrysa, bestätigte N. Heinsius aus dem Cod. Coloniensis.
⁸) H. Kiepert, Topographisch-historischer Atlas von Hellas. 2. Ausg. Berl. 1831. Taf. XXIV enthält Sicilien. — Ueber Pergus D'Orville 143: Pergus autem, non Pergusa, proferendum esse Nic. Heinsius (ad Ov. Met. V, 387), poetarum Latinorum sospitator, commonstravit. — Oanis. Pind Ol V, 9—11 (Boeckh):
Ἴκων δ'Οἰνομάου καὶ Πέλοπος παῤ εὐηράτων
σταθμῶν, ὤ πολιάοχε Παλλάς, ἀείδει μὲν ἄλσος ἁγνὸν
τὸ τεόν, ποταμόν τε Ὤανιν, ἐγχωρίαν τε λίμναν —
Κοσυτος. Steph. Byz. s. v. Κόσσυρος· νῆσος κατὰ Σελινοῦντα Σικελίας ποταμόν so wird richtig gelesen statt des früheren καὶ Σικελίας ποταμός. Man kann hinzufügen, dass Stephanos diese Bemerkung aus Strabon XVII, 3, 16 excerpirt hat.
Ich erwähne nur flüchtig Reichard's und Forbiger's Leistungen, durch welche der Geographie des alten Siciliens nur wenig Nutzen erwachsen ist.
⁹) Kokkynos und Phoinix. App. B. C. V, 109 Bekk. ὡρμίσατο (sc. ὁ Καῖσαρ) ἐς τὸν ἀρχηγέτην. 110: Καὶ αἰτῷ καθισταμένῳ ἔτι τὸ στρατόπεδον Πομπήιος ἐπέπλει στόλῳ πολλῷ — — παρήλαυνε δὲ τῷ Πομπηίῳ καὶ ἵππος — καὶ τὰ πεζὰ ἐτέρωθεν ἐφαίνετο — οἱ μὲν οὖν ἱππεῖς εὐθὺς ἠνώχλουν — χαρακοποιουμένοις — εἰ δὲ ἐπὶ τοῖς ἱππεῦσιν οἱ πεζοὶ καὶ τὸ ναυτικὸν ἐφώρμησε, τάχ᾽ ἄν τι μεῖζον ἐξήνυστο τῷ Πομπηίῳ. νῦν δὲ ἀπείρως τε πολέμου — — οἱ μὲν αὐτῶν ἐς Κόκκυνον ἄκραν ὡρμίσαιτο, οἱ πεζοὶ δ᾽ οὐκ ἀξιοῦντες ἀγχοῦ τῶν πολεμίων στρατοπεδεύειν ἐς Φοίνικα πόλιν ἀνεχώρουν. — Ich gebe zu, dass das Tamaricio des Itinerars etwas weit von Naxos entfernt ist. Ferner ist nach Ptol. das Argennon halbwegs zwischen Messana und Tauromenion; da nun für den Kokkynos das C. S. Alessio eigentlich besser passen würde als das C. Grosso, so könnte auch dieses das Argennon gewesen sein.
¹⁰) App. B. C V, 117 Bekk.: ἐγένοντο δὲ καὶ βρόμοι τῆς Αἴτνης σκληροὶ καὶ μυκήματα μακρὰ καὶ σέλα περιλάμποντα τὴν στρατιάν, ὥστε τοὺς μὲν Γερμανοὺς ἐξ εὐνίων ἀναπηδᾶν ὑπὸ δέους, τοὺς δὲ ἀκοῇ τῶν περὶ τῆς Αἴτνης λεγομένων, οὐκ ἀπιστεῖν ἐν τοσοῖσδε παραδόξοις ἐμπεσεῖσθαι σφίσι καὶ τὸν ῥύακα.
¹¹) Diod. XXII, 14 (Hoesch.). Ἱέρων δ᾽ ἔχων τοὺς φυγάδας Μεσσήνης διακοσίους στρατεύοντας διαφόρους ταῖς ἀνδραγίαις καὶ ἀρεταῖς, προσθεὶς αὐτοῖς ἄλλους τετρακοσίους ἐπιλέκτους προσέταξε τὸν πλησίον λόφον τὸν ὀνομαζόμενον Θώρακα περιελθεῖν καὶ τοῖς πολεμίοις κατὰ νώτου προσπεσεῖν· αὐτὸς δὲ τὴν δύναμιν ἐκτάξας κατὰ στόμα ἀπήντα.
¹²) Plin. H. N III, 8: favilla (Aetnae) Tauromenium et Catinam usque pervenit fervens, fragor vero ad Maronoum et Gemellos collis.
¹³) Aristot. περὶ θαυμασίων ἀκουσμάτων 113: ἐν δὲ τῇ ἐπικρατείᾳ τῶν Καρχηδονίων φασὶν ὄρος εἶναι ὃ καλεῖται Οὐράνιον (schlechtere Hdschr. Ἰώνιον) παντοδαπῆς μὲν ὕλης γέμον, πολλοῖς δὲ διαπεποικιλμένον ἄνθεσιν. ὥςτε τοὺς συνεχεῖς τόπους ἐπὶ πολὺ μεταλαμβάνοντας τῆς εὐωδίας, αὐτοῖ ἡδίστην τινὰ τοῖς ὑδοιπόροις προσβάλλειν τὴν ἀναπνοήν. — Diod. III, 61: ἀφ᾽ οὗ δὴ μέχρι τοῦ νῦν χρόνου κατά τε τὴν Σικελίαν καὶ τὰ πρὸς ἑσπέραν νεύοντα μέρη πολλοὺς τῶν ὑψηλῶν τόπων ἀπ᾽ ἐκείνου Κρόνια προσαγορεύεσθαι.
¹⁴) Plutarch. Timol. 31: τοῦ Τιμολέοντος εἰς Καλαυρίαν στρατεύσαντος, ὁ Ἱκέτης ἐμβαλὼν εἰς τὴν Συρακοσίαν, λείαν τε συχνὴν ἔλαβε — ἐκείνος δὲ προλαβεῖν ἐάσας, ἐδίωκεν ἱππεῖς ἔχων καὶ ψιλούς. αἰσθόμενος δ᾽ ὁ Ἱκέτης τὸν Λαμυρίαν διαβεβηκὼς ὑπέστη παρὰ τὸν ποταμόν, ὡς ἀμυνούμενος. καὶ γὰρ αὐτῷ θάρσος ἥ τε τοῦ πόρου χαλεπότης καὶ

τὸ κρημνῶδες τῆς ἐπατέρωθεν ὄχθης παρεῖχε. — Aus J. F. J. Arnoldt, Timoleon. Gumb. 1850. S. 175 ersehe ich, dass D'Orville zum Chariton p. 226 statt Ἰαμυρίας lesen will Ἀμυρελίας, um den Fluss Amurello oder Murallo herauszubekommen. Dies ist nach Fazell 136 D einer der Quellflüsse des F. Salso, derjenige, welcher am Monte Artesino entspringt. Wenn deshalb die neueste Karte Italiens in Stieler's Handatlas den F. di Terranova Muratio nennt, welchen Namen ich nirgends habe finden können, so fürchte ich hier ein doppeltes Versehen: Muratio für Murallo, und Verwechselung des F. Terranova mit dem F. Salso. Natürlich ist mit Arnoldt D'Orville's Conjectur zu verwerfen. Ich sehe nicht ein, wie der Fluss soweit westlich gesetzt werden kann.
¹⁵) Ociav. Cajetani Isagoge ad historiam sacram Siculam pag. 112 und 159 des zweiten Bandes des Thesaurus.
¹⁶) Plin. II. N. III, 8 flumen Hirminium. Philist ap. Dion. Hal. ep. de hist. 5. (lr. 8 bei Müller Fr. II. G. I. p. 186.) Σνρακοσίοι δὲ πυνϑανόμενοι Καμαριναίους τὸν Ὑρμινὸν διαβάντας — Ὑρμίνη Stadt in Elis II, 616.
¹⁷) Von dem Achates handelt Cluver 246. 47. Sil. XIV, 228: Et perlucentem splendenti gurgite Achaten.
I. P. Chiaranda erklärt Lib. I cap. III seiner Schrift über die Stadt Piazza den Buffarito oder Gatta, einen unweit Piazza entspringenden Nebenfluss des Symaethos, für den Achates.
¹⁸) Cluver spricht von den Flüssen westlich von Agrigent 281—83. — Plin. III, 8: Thermae colonia, amnes Agathe, Macer (oder Mater), Hypsa, Selinus oppidum, Lilybaeum ab eo promontorium. Ptolem. hat

Διλύβαιον πόλις καὶ ἄκρα	37°	O. L.	36° ' N. Br.
Ἀκιϑίου ποταμοῦ ἐκβολαί	37°10 '	—	36° 5 ' —
Σελινοῦντος ποταμοῦ ἐκβολαί	37°20 '	—	36°15 ' —
Μαζάρα ποταμοῦ ἐκβολαί	37°30 '	—	36°15 ' —
Πιντία	37°40 '	—	36°20 ' —
Σοσσίου ποταμοῦ ἐκβολαί	37°40 '	—	36°20 ' —
Ἰσβούρου ποταμοῦ ἐκβολαί	38° 5 '	—	36°25 ' —
Ἡράκλεια	38°20 '	—	36°25 ' —

Selinus bei Duris b. Steph. Byz. s. v. Ἀκράγαντες. — Ἄλβα bei Diod. XXXVI, I (Phot.): καὶ διαβὰς τὸν Ἄλβαν ποταμὸν παρῆλϑε τοὺς ἀποστάτας διατρίβοντας ἐν ὄρει καλουμένῳ Καπριανῷ καὶ κατήγησεν ἐς πόλιν Ἡράκλειαν. — D'Orville 85. 86.
¹⁹) Diod. XV, 17: ἐξαίρετον ἔλαβον οἱ Καρχηδόνιοι τὴν τῶν Σελινουντίων πόλιν τε καὶ χώραν καὶ τῆς Ἀκραγαντίνης μέχρι τοῦ Ἀλύκου καλουμένου ποταμοῦ. Hier haben einige Hdschr. Ἀλίκου. Diod. XXIII, 9 (Hoesch.) ἔτι δὲ ποταμὸς Ἄλικος καὶ ἄλλαις ἐσχατος — Worte, deren Sinn unklar ist. Diod. XXIV, 1 (Hoesch.) μετὰ δὲ ταῦτα οἱ Καρχηδόνιοι ἐπὶ τὸν Ἄλικον ποταμὸν παραγενόμενοι τοῖς τραυματίας ἀνέπαυσαν. Diod. XVI, 82 sind die Friedensbedingungen zwischen Timoleon und den Karthagern, ὥστε τὰς μὲν Ἑλληνίδας πόλεις ἁπάσας ἐλευϑέρας εἶναι, τὸν δὲ Λύκον καλούμενον ποταμὸν ὅριον εἶναι τῆς ἐκατέρων ἐπικρατείας. Heraclides de rebus publ. XXIX (Müll. Fragm. H. Gr. II, 221) sagt von Minos: ἀραβὰς ἐπὶ τὸν Λύκον ποταμόν, τῆς πόλεως ταύτης (Ἡρακλείας) ἐκρίευσε. — Schneidewin hat die Politicen des Herakleides in Göttingen 1847 herausgegeben. Seine Bemerkung über den Namen Lykos kann man bei Müller an der angeführten Stelle finden. — Cluver's Deduction s. S. 281. 470 der Ausgabe im Thesaurus. — Steph. Byz s. v. Ἀκράγαντες πόλεις πέντε. Σικελίας, ἀπὸ ποταμοῦ παραρρέοντος. φησὶ γὰρ Δοῦρις, ὅτι αἱ πλεῖσται τῶν Σικελῶν πόλεων ἐκ τῶν ποταμῶν ὀνομάζονται, Συρακούσας Γέλαν Ἱμέραν Σελινοῦντα καὶ Φοινικοῦντα καὶ Ἐρύκην καὶ Καμικὸν Ἀλικόν τε καὶ Θέρμον καὶ Καμαρίναν. Hier hat die beste Handschrift ἀλν mit über dem υ stehenden ιχ, — Steph Byz. s. v. Ἀλικύαι πόλις Σικελίας. Θεόπομπος. μεταξὺ κειμένη Ἐντέλλης καὶ Λιλύβαίου. — Meineke S. 805 hat Ἀλικύας als Flussnamen. — Pauly in der Realencyclop. III, 1053. Gegen ihn Arnoldt Timoleon S. 179. 80. — Der Einfall Mannert's, S. 350, es habe einen östlicheren Halykos, nämlich den Dirillo, gegeben, ist mit Pauly und Arnoldt an den angeführten Stellen durchaus zu verwerfen. Er combinirt Diod. XXIV, 1 mit Polyb. I, 53, wo auch von einem Flusse die Rede ist, in welchen die Karthager einlaufen

um die Römer zu beobachten, während sie nach Diodor besonders ihre Verwundeten dort pflegen wollen. Da nun die Römer bei Phintias sind, das Mannert östlich vom Dirillo setzt, so muss der Fluss, von dem aus die Karthager sie beobachten wollen, der Dirillo sein. Aber diese Annahme fällt schon dadurch, dass Phintias sicher Licata ist.

²⁰) Von dem Krimisos handelt Cluver 328 ff. — Die enge Beziehung des Krimisos zur Stadt Segesta geht besonders aus Dionys. Halicarn. I, 52 hervor: γενόμενοι δὲ (die Trojaner) κατὰ Σικελίαν, κατάγονται τῆς νήσου περὶ τὰ καλούμενα Δρέπανα· ἔνθα περιτυγχάνουσι τοῖς σὺν Ἐλύμῳ καὶ Αἰγίστῳ προεξελθοῦσιν ἐκ τῆς Τροίας, οἳ ᾤκησαν περὶ ποταμὸν λεγόμενον Κριμισὸν ἐν τῇ Σικανῶν, πρὸς φιλίαν λαβόντες παρ' αὐτῶν τὸ χωρίον, διὰ τὴν Αἰγέστου συγγένειαν, γενομένου καὶ τραφέντος ἐν Σικελίᾳ. — Lykos bei Antig. Mir. 148 (fr. 8 in Müller Fr. Hist. Gr. II, 373) erwähnt ausser andern Flüssen auch den Krimisos, ὅτι τὰ μὲν ἐπιπολῆς τῶν ὑδάτων εἰσὶ ψυχροί, τὰ δὲ κάτω θερμοί. — Es ist eigenthümlich, dass man die Lage der Ruinen von Entella noch nicht mit Sicherheit auf der Karte fixiren kann. Welcher Art die Schwierigkeit ist, ergiebt sich aus dem Folgenden. Cluver 332 sagt, Entella's Ueberreste lägen am Belici destro. Serra di Falco Antich. di Sicilia I, 110 verbessert dies dahin, dass es der Belici Sinistro sei. In der That wird auf der grossen Karte Siciliens von 1826 der bei Entella fliessende Belici als Sinistro bezeichnet. Dies könnte als eine gleichgültige Verschiedenheit in der Benennung desselben Flusses erscheinen, wenn nicht eine Vergleichung verschiedener Karten und Berichte über die Geographie Siciliens zeigte, dass man sich weder über den Lauf der beiden Belici, noch über die Lage der Ruinen Entella's in Sicilien selbst einig ist. Fazell handelt 164. 65 davon. Caput habet, sagt er vom Flusse, triplex, unum inter Panormum et Corilionem, ad montem Santagani, — unde delapsus fluviolum, Bichinellum nomine, — recipit, ulteriusque illabitur ei Corilionis fluvius. habetque deinde ad sinistram influxum torrentis ex propinquis montibus collecti, ubi Fractinae nomen usurpat. augetur postea Batticano fluvio, inter Corilionem et Busachinum oriundo. defluensque Bruca amne ad forum venale Busachini egresso, maxime increscit. Alterum Belicis caput ad Graecorum Casale, quod in planitie Archiepiscopi situm est, se egerit, brevique cursu per eandem aream fluens a sinistra fontem Scalae feminae dictum excipit. — — decurrensque per aliquot milliaria latum, in excelso ejusdem nominis monte jacens oppidum ad dexteram, ad sinistram vero postea Petram longam relinquens, recto tramite Calatrasim Saracenicam in rupe edita sitam arcem et mox Eutellam prisci praesentisque nominis montem, et dirutam ad ejus verticem civitatem, cujus suscipit nomen, praeterlabitur. Von den zwei Quellflüssen des Belici entspringt also nach Fazell der östliche zwischen Palermo und Corleone, der westliche bei Piana dei Greci, und dieser Letztere, welcher Pietralonga links lässt, ist der Fluss von Entella. Wenn wir damit die Karte von 1826 vergleichen, so finden wir auch hier einen bei Piana entspringenden Arm; dies ist aber der östliche, der sich alsbald mit dem Bichinello vereinigt. Der westliche entspringt erst südlich von Pietralonga (statt diesen Ort links zu lassen) und nicht dieser, sondern der östliche ist es, an dem Entella liegt. Hören wir nun noch die kurze Beschreibung, welche Maggiore in seinem compendio della storia di Sicilia, Pal. 1831. p. 7 und 8 vom Belici giebt. Questo fiume, sagt er, risulta da due altri, che scendono, l'uno dalle montagne di Corleone, e passa sotto la rocca di Antella (Entella), l'altro dalla Piana dei Greci, il primo dei quali dicesi il B. destro, l'altro il B. sinistro. Man sieht, dass Maggiore mit Fazell darin übereinstimmt, dass er den bei Piana entspringenden Fluss als den westlichen Hauptarm betrachtet, mit der Karte von 1826 dagegen in der Lage von Entella. Ich gestehe offen, dass ich Fazell mehr Glauben schenke, als der genannten Karte, die, wie wir sahen, auch bei Segesta irrte. Indess bedürfte es doch wohl, um die Sache vollkommen zu entscheiden, einer Untersuchung an Ort und Stelle. Merkwürdig ist jedenfalls, dass selbst die Karte des heutigen Siciliens noch so wenig feststeht. Allerdings bereitet der Italienische Generalstab eine ausführliche Karte der Insel vor; aber wie viele Jahre können noch über ihrem Erscheinen vergehen!

²¹) Aelian. Var. Hist. II, 33: Αἰγεσταῖοι δὲ τὸν Πόρπακα καὶ τὸν Κριμισσὸν καὶ τὸν Τελμισσὸν ἀνδρῶν εἴδει τιμῶσι. Solin. 5, 17: Apud Segestanos Helbesus in medio flumine subita exaestuatione ardet.

²²) Vom Himera heisst es bei Vibius Seq. p. 11. Oberl. Hoc flumen in duas findi partes ait Stesichorus: unam in Tyrrhenum mare, alteram in Libycum decurrere. Ptol. hat 'Ιμέρα ποταμοῦ ἐκβολαί 37°15 ' O. L. 37°20 ' N. Br.
Θερμαὶ 'Ιμεραῖαι πόλις 37° 5 ' . ϛ 37°15 ' ϛ ϛ
Strab. VI, 2, 1: ἐν δὲ τῇ χωρογραφίᾳ μεῖζω λέγεται τὰ διαστήματα, κατὰ μέρος διῃρημένα μιλιασμῷ· ἐκ δὲ Πελωριάδος εἰς Μύλας εἴκοσι πέντε· τοσαῦτα δὲ καὶ ἐκ Μυλῶν εἰς Τυνδαρίδα· εἶτα εἰς 'Αγάθυρνον τριάκοντα καὶ τὰ ἴσα εἰς 'Άλαισα, καὶ πάλιν ἴσα εἰς Κεφαλοίδιον· ταῦτα μὲν πολίχνια· εἰς δ''Ιμέραν ποταμὸν δεκαοκτώ διὰ μέσης ῥέοντα τῆς Σικελίας — εἶτ' εἰς Πάνορμον τριάκοντα πέντε. Hierüber vgl. Cluv. 360, sowie Muller zum Didot'schen Strabon p. 977. — Vib. 1. l. Himera oppido Thermitanorum dedit nomen Himerae.
²³) Bei Ptol. finden wir:

Μύλαι	39° '	O. L. 39°30 '	N. Br.
'Ελικώνος ποταμοῦ ἐκβολαί	38°50 '	. 38°25 '	ϛ ϛ
Τυνδάριον	38°30 '	ϛ 38°20 '	ϛ
Τμῆθου ποταμοῦ ἐκβολαί	38°20 '	ϛ 38°20 '	ϛ ϛ
'Αγάθυρνον	38° '	ϛ 38°15 '	ϛ ϛ
'Αλόντιον	37°50 '	ϛ 38°10 '	ϛ
Χύδα ποταμοῦ ἐκβολαί	37°45 '	ϛ 38° 5 '	ϛ ϛ
Καλάκτα	37°40 '	ϛ 37°55 '	ϛ
'Άλαισα	37°40 '	ϛ 37°45 '	ϛ ϛ
Μονάλου ποταμοῦ ἐκβολαί	37°30 '	ϛ 37°45 '	ϛ ϛ
Κεφαλοιδίς	37°20 '	ϛ 37°40 '	ϛ

²⁴) Polyb. I, 9: ναυπλήσας καὶ γυμνάσας ἐνεργῶς τὰς πολιτικὰς δυνάμεις, ἐξῆγε καὶ συμβάλλει τοῖς πολεμίοις ἐν τῷ Μυλαίῳ πεδίῳ περὶ τὸν Λογγανὸν καλούμενον ποταμόν. Diod. XXII, 14 (Hoesch.): ὁ δὲ Ἱέρων Μύλας κατὰ κράτος ἑλὼν — — μετὰ δὲ ταῦτα Ἱέρων ἔχων δύναμιν ἀξιόλογον ἐστράτευσεν ἐπὶ Μαμερτίνους καὶ τὴν μὲν 'Αλαίσαν παραδόσει προσηγάγετο, ὑπὸ δὲ τῶν Ἀβακαινίνων καὶ Τυνδαριτῶν προθύμως προσδεχθεὶς ἐκυρίευσε τῶν πόλεων τούτων, καὶ εἰς στενὴν χώραν συνήλασε τοὺς Μαμερτίνους. — ἐμβαλὼν δὲ εἰς Μεσσήνην κατεστρατοπέδευσε παρὰ τὸν Λοίτανον ποταμόν.
²⁵) Ovid. Fast. IV, 476: Sacrarumque Melan pascua laeta boum Sil. XIV, 259 60: Mille Agathyrna dedit perflataque Trogilos Austris, Mille Thoanteae sedes Facelina Dianae. Lucil. ap. Pomp. Sab. ad Aen. II, 117:

et saepe quod ante
Optasti, freta Messanae et Rhegina videbis
Moenia, tum Liparam et Facelinae templa Dianae.

App. B. C. V, 116: ἀμφὶ δὲ τὸ Ταυρομένιον καὶ περὶ Μύλας τὰς περιόδους τῶν ὀρῶν ἀπετείχιζε (ὁ Πομπ.) καὶ τὸν Καίσαρα ἐκ Τυνδαρίδος ἐς τὸ πρόσθεν ἰόντα ἠνώχλει, μὴ συμπλεκόμενον. 'Αγρίππον δὲ νομισθέντος ἐπιπλεῖν ἐς Πελωριάδα μετεπήδησεν, ἐκλιπὼν τὰ στενὰ περὶ Μύλας καὶ ὁ Καῖσαρ αὐτῶν τε κατίσχε καὶ Μυλῶν καὶ Ἀρτεμισίου πολίχνης βραχυτάτης, ἐν ᾗ φασὶ τὰς ἡλίου βοῦς γενέσθαι καὶ τὸν ὕπνον 'Οδυσσεῖ.
²⁶) Dass Kamikos nicht Akragas sein könne, hat ausführlich auseinandergesetzt Fischer, Antiquae Agrigentinorum historiae prooemium. Berol. 1837. 8. Exc III, p. 47—50, wo sowohl die betreffenden Stellen der Alten, als die Schriften der Neueren angeführt sind, die hierüber gehandelt haben. Nur hätte F. nicht Fazell die Ansicht zuschreiben sollen, dass Siculiana Kamikos gewesen sei. Diod. IV, 78 von Daedalos: κατὰ τὴν νῦν 'Ακραγαντίνην ἐν τῷ Καμικῷ καλουμένῳ πόλιν ἐπὶ πέτρας οὖσαν πασῶν ὀχυρωτάτην κατεσκεύασε. Die falsche Erklärung kam daher, dass man 'Ακραγαντίνην zu πόλιν bezog, während doch χώραν zu ergänzen ist. — Die Stellen, welche nicht gestatten, Akragas und Kamikos für identisch zu halten, sind: Duris bei Steph. Byz. s. v. 'Ακράγαντες; Schol. Pind. Pyth. VI, 4; Diod. XXIII, 9 (Hoesch.); Strab. VI, 2, 6. — Raoul-Rochette handelt von Kam. Journ. d. Sav. 1838. p. 220. — Cluver über die Identität von Akragas und der von Daedalos befestigten Stadt: 253. 54. Er übersetzt ἐν Καμικῷ: apud Camicum. Ueber die Lage von Siculiana und seinem Schloss: Smyth, Sicily,

p. 214; Bussierre, voyage en Sicile p. 165. 66. — Faz. 263: in colle undique praeciso, cui mons Platanella est nomen, urbis dirutae, ambitus p. m. et unico accessu adeundae, mirae visuntur ruinae. Aehnlich Amari, Storia dei Musulm. di Sic. II, 193: antica fortezza d'un miglio in giro, su la cima del monte chiamato in oggi di Platanella, che sorge stagliato e dirupato d'ogni banda su la ripa destra del fiume di Macaoli e su la sinistra del Lico, il quale ha mutato il nome in Platani. Natürlich müssen hier die Worte destra und sinistra den Platz wechseln, da der Macaoli westlich vom Platani fliesst.

²⁷) Ueber Engyon Faz. 240 und 136; Cluv. 451—54 Diod. IV, 80 sagt von den Bewohnern von Engyon: *νεών μὲν γὰρ αὐταῖς* (den Müttern) *ττεσκεύασαν οὐ μόνον τῷ μεγέθει διάφορον, ἀλλὰ καὶ τῇ πολυτελείᾳ τῇ κατὰ τὴν οἴκη, μίαν θαυμαζόμενον· οὐκ ἔχοντες γὰρ κατὰ τὴν ἰδίαν χώραν λίθον ἀξιόλογον παρὰ τῶν ἀστυγειτόνων Ἀγυριναίων ἤγαγον, τῶν μὲν πόλεων διεστηκυιῶν ὡς ἑκατὸν σταδίους, τῆς δὲ ὁδοῦ, δι' ἧς ἀνάγκη κομίζεσθαι τοὺς λίθους ὑπαρχούσης τραχείας καὶ παντελῶς δυσπορεύτου· δι' ἣν αἰτίαν κατασκευάσαντες ἁμάξας τετρακύκλους ἑκατὸν ζεύγεσι βοῶν ἑκόμισαν τὸν λίθον.* Man kann nicht läugnen, dass es nicht ganz leicht ist, die Bewohner von Engyon als *ἀστυγείτονες* der Agyrinüer zu denken, da der Weg doch wahrscheinlich über Nicosia und Sperlinga führte, wo man eine andere antike Stadt vermuthen muss.

²⁸) Diod. XI, 88: *Τὰς μὲν Νέας, ἥτις ἦν αὐτοῦ πατρίς, μετῴκισεν εἰς τὸ πεδίον, καὶ πλησίον τοῦ τεμένους τῶν ὀνομαζομένων Παλικῶν ἔκτισε πόλιν ἀξιόλογον, ἣν ἀπὸ τῶν προειρημένων θεῶν ὠνόμαζε Παλικήν.* Von Palike Diod. XI, 90: *οὐ πολὺν δὲ χρόνον εὐδαιμονήσασα κατεσκάφη, καὶ διέμεινεν ἀοίκητος μέχρι τῶν καθ' ἡμᾶς χρόνων.* Diod. XI, 78 von Duketios: *Μέναινον πόλιν ἔκτισε. — ΜΕΝΑΙΝΩΝ* auf Münzen: D'Orville 377. — Moenia antiquissima von Mineo: Faz. 258. — Bei Diod. XI, 88 soll statt τὰς μὲν Νέας gelesen werden τὰς Μένας. — Cluv. 420: Condidit eam urbam Ducetius, quia eo loco natus erat. — Pauly's Realencyclop. IV, 1776. — Ueber die Lage von Palike: Faz. 76. 77; Houel III, 57; de Sayve I, 209.

²⁹) Diod. XI, 91: *οὗτος δὲ* (Bolkon, der syrakusanische Feldherr) *κατέλαβε τὸν Δουκέτιον στρατοπεδεύοντα περὶ τὰς Νομάς.* — St. Byz. s. v. *Νόαι. τὸ ἐθνικὸν Νοαῖος — — ἔστι δὲ πόλις Σικελίας. Ἀπολλόδωρος δευτέρῳ χρονικῶν.* -- Noae = Noara: Cluv. 477.

³⁰) Cic. Verr. IV, 23: Cum ad Haluntium venisset praetor laboriosus et diligens, ipse in oppidum accedere noluit, quod erat difficili adscensu atque arduo. — Faz. 230: Agathyrium vetustissima urbs — — sita erat ad latus promontorii, quod mea aetate Orlandi caput nominatur hodie vero prorsus extincta est, et vix minima in agro S. Martini, qui totus aratur, lapidum laterumque jacentium, aequaeductuum praeterea vetusti operis, antiquitatis suae relinquit monumenta.

³¹) Ueber Motye Cluv. 307 ff., wo auch die Ansichten Früherer berücksichtigt werden. De Luynes Annal. d. Inst. 1855. S. 92—98. Diod XIV, 48: *αὕτη δ' ἡ πόλις ἦν ἐπί τινος νήσου κειμένη, τῆς Σικελίας ἀπέχουσα σταδίους ἕξ.* XIV, 53: *Ἰμίλκων δὲ καταπλεύσας εἰς Πάνορμον, καὶ τὴν δύναμιν ἐκβιβάσας, ἦγεν ἐπὶ τοῖς πολεμίοις. καὶ τὰς μὲν ἐρήρεις παραπλεῖν ἐκέλευσεν, αὐτὸς δ' ἐν παρόδῳ διὰ προδοσίας ἑλὼν Ἔρυκα πρὸς τὴν Μοτύην κατεστρατοπέδευσεν.* XIII, 54: *ὁ δ' Ἀννίβας ἐκβιβάσας τὴν δύναμιν κατεστρατοπέδευσεν ἀρξάμενος ἀπὸ τοῦ φρέατος, ὃ κατ' ἐκείνους μὲν τοὺς καιροὺς ὠνομάζετο Λιλύβαιον, — — τὰς μὲν οὖν ναῦς ἐν τῷ περὶ Μοτύην κόλπῳ πάσας ἐντώλησε.* XIV, 50: *Ἰμίλκων — — περιπλεύσας περὶ τὴν Λιλύβαιον ἄκραν ἅμ' ἡμέρᾳ παρῆν ἐπὶ τὴν Μοτύην.* — Mannert S. 382.

³²) Dion. Hal. I. 52: *ἐντυχὼν δὲ τοῖς εἰρημένοις ἀνδράσι* (den Elymern) *Αἰνείας φιλοφρονεῖται τε αὐτοὺς καὶ κατασκευάζεται αὐτοῖς πόλεις Αἴγεσταν καὶ Ἔλυμα, καί τινα καὶ μοῖραν τῆς ἑαυτοῦ στρατιᾶς ἐν τοῖς πολίσμασιν ὑπολείπεται.* 53: *Τεκμήρια δὲ τῆς εἰς Σικελοὺς Αἰνείου τε καὶ Τρώων ἀφίξεως πολλὰ μὲν καὶ ἄλλα, περιφανέστατα δὲ τῆς Αἰνειάδος Ἀφροδίτης ὁ βωμὸς ἐπὶ τῇ κορυφῇ τοῦ Ἐλύμου ἱδρυμένος καὶ ἱερὸν Αἰνείου ἱδρυμένον ἐν Αἰγέστῃ.* Vgl. hierüber Cluv. 300. 301. — Verg. Aen. V, 755—60:

Interea Aeneas urbem designat aratro,
Sortitusque domos, hoc Ilium, et haec loca Trojam
Esse jubet. Gaudet regno Trojanus Acestes,
Indicitque forum, et patribus dat jura vocatis.
Tum vicina astris Erycino in vertice sedes
Fundatur Veneri Idaliae.

[33]) Faz. 131: Camerina urbs ad passus ferme quingentos Oano sive Frascularo fluvio proxima est. In mole quadam paulisper edita, inter duos amnes Oanum et Hipparim, ac lacum, — — a Syracusanis aedificata.

[34]) Ueber die Lage von Gela und Phintias Cluv. 244. 45. 261. — Diod. XIX, 108: κατεῖχον δὲ Καρχηδόνιοι μὲν τὸν Ἔκνομον λόφον — . ἐκ δὲ θατέρου μέρους Ἀγαθοκλῆς ἕτερον τῶν Φαλάριδος γεγενημένων φρουρίων κατεῖχε, τὸ προςαγορευθὲν ἀπ' ἐκείνου Φαλάριον. καὶ διὰ μέσων μὲν τῶν παρεμβολῶν ἦν ποταμός. 109: ἡ μὲν μάχη ταχὺ παλίντροπος ἐγένετο, ἔφευγον δ' οἱ μὲν εἰς τὸν Ἱμέραν ποταμόν, οἱ δ' εἰς τὴν παρεμβολήν. τετταράκοντα σταδίοις δ' ἐχούσης τῆς ἀποχωρήσεως — —. 110: Ἀγαθοκλῆς δὲ τηλικαύτῃ συμφορᾷ περιπεσών, τοὺς ἐκ τῆς τροπῆς διασωθέντας ἀνέλαβε καὶ τὴν παρεμβολὴν ἐμπρήσας εἰς Γέλαν ἀπεχώρησε. — Diod. XIII, 108: Ἱμίλκων ὁ τῶν Καρχηδονίων ὑφηγούμενος — — ἀναλαβὼν ἅπασαν τὴν δύναμιν ἐνέβαλεν εἰς τὴν τῶν Γελῴων χώραν. — ἐπὶ Γέλαν πορευθεὶς παρὰ τὸν ὁμώνυμον ποταμὸν τῇ πόλει κατεστρατοπέδευσεν. 109: Διονύσιος — — ὡς ἤγγισε τῆς πόλεως κατεστρατοπέδευσε παρὰ τὴν θάλατταν. — Διονύσιος τοὺς πεζοὺς εἰς τρία μέρη διεῖλεν, ἓν μὲν τάγμα ποιήσας τῶν Σικελιωτῶν, οἷς προςέταξεν ἀριστερᾷ τὴν πόλιν ἔχοντας ἐπὶ τὸν χάρακα τῶν ἐναντίων πορεύεσθαι· τὸ δ' ἕτερον τάγμα συμμάχων καταστήσας ἐκέλευσε δεξιᾷ τὴν πόλιν ἔχοντας ἐπείγεσθαι παρ' αὐτὸν τὸν αἰγιαλόν· αὐτὸς δ' ἔχων τὸ τῶν μισθοφόρων σύνταγμα διὰ τῆς πόλεως ὥρμησεν ἐπὶ τὸν τόπον, οὗ τὰ μηχανήματα τῶν Καρχηδονίων ἦν. — Ich glaube jetzt die Frage als von Dr. Schubring gelöst bezeichnen zu können. Wir werden hoffentlich bald über die wahre Lage Gela's von ihm Mittheilungen erhalten.

[35]) J. Houel, Voyage pittoresque des iles de Sicile etc. Par. 1782—87. Fol. Vol. I, p. 90.

[36]) Diod. XIV, 48: Σικανοὶ μὲν οὖν πάντες εὐλαβούμενοι τὸ μέγεθος τῆς δυνάμεως προςεχώρησαν τοῖς Συρακοσίοις, τῶν δ' ἄλλων πόλεων πέντε μόνον διέμειναν ἐν τῇ πρὸς Καρχηδονίους φιλίᾳ· αὗται δὲ ἦσαν Ἀγκύραι Σολοῦς Ἔγεστα Πάνορμος Ἔντελλα. Dindorf will hier mit Gronov statt Ἀγκύραι lesen Ἁλικύαι. — Ptol. Ἀνκρίνα. — Cluv. 461 über die Identität Beider.

[37]) Diod. XXXVI, 1 (Phot.) (p. 531 Wess.): κατὰ τὴν Ἀγκυλίων χώραν.

Verzeichniss der antiken geographischen Namen.

Name	Seite	Name	Seite	Name	Seite	Name	Seite
Achates	14. 15	Elyma	6. 29	Kamarina	29	Naxos	7
Acherini	31	Engyon	4. 25	Kamikos	18. 23	Neae	5. 25
Achetum	31	Enini	33	Kapytion	4	Nebrodes	6
Aegithallos	6	Enna	4	Kasmenae	4. 5. 7	Neeton	5
Agatbyrnon	27	Entella	5. 37	Kentoripa	4	Noae	27
Agyrion	4. 9	Erineos	3. 10	Kephaloidion	4	Nomae	27
Akis	6	Erykes	6. 10	Kokkynos	11	Oanis	4. 10
Akithios	15	Eryx	4	Kosyros	10	Orethos	3
Akrae	4. 5. 7	Euboea	7	Kratas	6	Palike	26
Akragas	7	Facelinus	22	Krimisos	5. 19	Panormos	4
Alabon	4	Galaria	4	Kyamosoros	6	Pantagias	4
Alaesos	21	Gela	3. 4. 6. 7. 8. 30	Lichandos	33	Patioros	3
Alba	16	Gemelli colles	6	Lilybaeon	4	Pergus	10
Aluntion	27	Hadranon	4	Lissos	7	Phoinix	11
Amenanos	4. 10	Halikyae	7. 17	Loitanos	22	Piakos	33
Ameselon	7	Halikyas	18	Longanos	22	Polyzelion	33
Amestratos	4	Halykos	5. 14. 16	Longaricum	33	Porpax	19
Anapos	3	Helbesos	19	Longona	33	Segesta	5
Ankrina	32	Helikon	5. 22	Lykos	4. 14. 16	Segestanae aquae	9
Ankylii	32	Heloros	5	Makella	33	Selinus	3. 4. 5. 15
Ankyrae	32	Heraei montes	6	Maktorion	3. 8	Simoeis	18
Apollonia	4	Heraklea	4. 5	Maroneus Mons	6. 12	Skamandros	18
Arabela	32	Herbessos	8	Mazara (as)	5. 18	Solocis	4
Argennon	11	Herbita	4. 8	Megara	4. 5. 8	Sossios	16
Assia	14	Himera	3. 5. 7. 20. 31	Melas	22	Symaethos	6. 7
Assinaros	3	Hipparis	4	Menae	5. 26	Tauromenion	10
Assoros	4	Hybla	8. 26	Mergane	33	Tauros	10
Bathys	5	Hykkara	3. 5. 9	Monalos	5. 21	Telmissos	19
Bidis	32	Hypsas	5. 15	Motychanos	4	Terias	7
Caripa	32	Hyrminos	3. 14	Motye	6. 7. 28	Thorax	12
Citarini	32	Ietae	5	Motyka	4	Tmethos	22
Chrysas	3	Inykon	6	Morgyna	33	Triokala	5
Chydas	22	Isburos	10. 16	Murgantia	6	Tyndaris	4
Damyrias	13	Kakyparis	3. 10	Mykonion Bg.	11	Uranios	13
Eizelos	33	Kakyron	3	Mylas	4	Vagedrusa	10
Elavia	33	Kalakte	3	Mytistraton	4	Xiphonia Vgb.	6
Eleutheros	3	Kallipolis	7. 10				

Bei der Ausarbeitung der beifolgenden Karte, die einen von der Abhandlung unabhängigen Werth haben sollte, habe ich mich an folgende Worte von P. Burmannus Secundus in seiner Vorrede zu D'Orville's Sicula erinnert (p. XIV.): Optandum sane esset, ut aliquis nobis concinnaret adcuratam Siciliae tabulam, in qua omnia loca hodiernis nominibus designarentur, nulla vero antiquarum urbium vel nominum veterum mentio fieret, nisi quae extra dubitationem apud omnes forent. Ich habe nur solche antike Städte aufgenommen, deren Lage, wie ich glaube, feststeht; bei den Gebirgen und besonders bei den Flüssen musste ich, zur Erläuterung meiner Abhandlung, auch meinen Vermuthungen einen Platz gestatten. Dass ich die sonst nicht vorkommenden Stationen der Itinerarien nicht aufgenommen habe, wird man bei der Kleinheit des Blattes natürlich finden. Auf die Gebirgszeichnung konnte ich aus ebendemselben Grunde nur in soweit Gewicht legen, dass ich andeutete, wo die Insel überhaupt bergig ist. Jedenfalls soll dieses Blatt nur als ein Versuch auf einem vielleicht noch nicht genug betretenen Wege betrachtet werden. Möge bald eine bessere vergleichende Karte des alten Siciliens nachfolgen!

Druckfehler.

S. 4. Z. 13 v. u. Erforschung
„ 5. „ 13 v. u. sagt er st. sagte er
„ 16. „ 7 v. o. Ptolemaeos
„ 24. „ 20 v. u. das st. dass
„ — „ 2 v. u. di Caltab. st. die
„ 29 „ 14 v. u. ist **) hinzuzufügen
                das ebendas. Z. 5. v. u. zu streichen ist.
„ 32 „ 3 v. o. Phintias
„ 39 „ 24 v. o. arbem st. urbem

Schulnachrichten.

I. Allgemeines.

Mit dem Beginn des jetzt ablaufenden Schuljahres ist die Erweiterung des Lehrplans unserer obersten Realclasse (Selecta) in Gemäßheit der bereits im letzten Programm S. 28. gegebenen Andeutungen ins Werk gesetzt, und damit das Ziel des Unterrichts erheblich erhöht worden. Es meldete sich von vier und zwanzig Schülern gerade die Hälfte zum Eintritt in die technische Abtheilung, die andre Hälfte für die Handelsclasse. Die Trennung erstreckt sich einstweilen auf sechs Stunden, welche für die kaufmännische Abtheilung auf Rechnen und Kalligraphie verwandt werden; für die andern, die sich einem technischen Berufe widmen wollen, ist der Unterricht in der Chemie (2 St.) so wie in der descriptiven Geometrie eingeführt; in der Arithmetik sind beide Abtheilungen vereinigt, auch in einer Geometriestunde, welche zur Ergänzung der Planimetrie und Uebungsaufgaben bestimmt ist; zwei andre Geometriestunden hat die technische Abtheilung allein. Es kommen nach diesem Plane auf den mathematischen Unterricht zusammen sieben, auf den Unterricht in den Naturwissenschaften (Chemie, Physik, Naturgeschichte) sechs, im Ganzen also auf die exacten Wissenschaften, bei einem zweijährigen Cursus von Selecta, dreizehn Stunden. Der Normalplan preußischer Realschulen erster Ordnung fordert für die gleichen Gegenstände nur eilf Stunden*). Seit Michaelis ist auch der Zeichenunterricht, dessen Besuch bis dahin in den freien Willen der Schüler gestellt war, denselben zur Pflicht gemacht und in die Reihe der obligatorischen Lehrfächer aufgenommen; es sind für dasselbe in Selecta zwei Stunden angesetzt.

Wie überall innere organische Entwickelung mit entsprechender räumlicher Ausdehnung eng zusammenhängt, so hat sich auch die Schule in Folge der vorher gedachten Erweiterung ihres Lehrplanes nach passenden Räumen umsehen müssen, wo sie mit den neuen Abtheilungen bleiben und den neuen Unterricht unbehindert und ohne zu belästigen könnte ertheilen lassen. Nicht jeder Raum ist zu jedem Unterricht geeignet; der Chemiker und Physiker verträgt sich nicht gut mit dem Zeichner in demselben Zimmer, und beide wollen aus nahe liegenden Gründen von den gewöhnlichen Classen abgesonderte und für ihre besonderen Zwecke besonders ausgestattete Locale. Dank der Fürsorge der geistlichen Brüder, welche vor Jahrhunderten diesen Bau errichteten, bietet das Catharineum noch immer reichlich Platz dar sich auszubreiten, und es sind auch nach den im Laufe dieses Schuljahres ausgeführten Bauten noch manche, theils leer stehende, theils zu ferner liegenden Zwecken benutzte Räume vorhanden, die zum Besten der Schule verwandt werden können und — so hoffen wir — auch über kurz oder lang ihre Bestimmung finden werden. Zunächst haben wir in diesem Jahre zwei schöne gewölbte Classen

---

*) Wiese, das höhere Schulwesen in Preußen. S. 27.

bekommen, die aus der ehemaligen Wehrmannschen Lehrerwohnung durch Wegräumung der Zwischenwände und Zwischendecken hergestellt werden konnten. Sie zeichnen sich vor den andern in gleicher Richtung liegenden vortheilhaft aus, indem sie das volle Tageslicht haben, während die andern durch das gegenüberstehende Werkhaus (jetzt Turnlocal) verdunkelt werden. In diese beiden Zimmer sind die erste und zweite Realclasse eingezogen; die von ihnen bis dahin benutzten Classen, durch eine neu eingesetzte Thür verbunden, sind für den naturwissenschaftlichen Unterricht dergestalt eingerichtet, daß in dem einen die Tische und Bänke stehen, in dem andern die sämmtlichen Apparate, die demnach dem Lehrer gleich zur Hand sind, und dabei vom Schulstaube unberührt bleiben. Der im Oberstock des vorderen Flügels belegene große Lehrsaal, der früher die Apparate enthielt und zugleich zum Unterrichte dienen mußte, ist jetzt zum Zeichnen bestimmt und zu dem Zwecke nach der Angabe des Zeichenlehrers mit breiteren Tischen versehen worden. Zu unserm Bedauern ist es nicht möglich gewesen, dieses große und vortrefflich gelegene Zimmer ausschließlich dem Zeichenlehrer einzuräumen; doch hoffen wir, durch Heranziehung der noch übrigen bis jetzt anderweitig verwandten Räume des Catharineums mit der Zeit und im Vertrauen auf die bewährte liberale Fürsorge unserer Schulbehörde, auch dieses Ziel zu erreichen.

Während die Realschule sich so erweitert und nach oben vollkommner gegliedert hat, ist zugleich beim Gymnasium in der vorlges Jahr begonnenen Theilung der Quarta in eine Ober- und Unterclasse weiter geschritten worden, indem auch für das Lateinische zwei getrennte Abtheilungen gebildet sind, eine Anordnung, die eben so sehr durch innere Gründe als durch die große Schülerzahl geboten war. Noch mag hier bemerkt werden, daß im Laufe des Sommers auf dem Spielplatze der Vorschule einige Turngeräthe (Reck, Barren und Springel) aufgerichtet wurden, so daß die Uebungen jetzt auch im Freien vorgenommen werden können.

2. Ueberſicht des Unterrichts von Oſtern 1865—1866.

Vorbereitungsclaſſen.

Siebente Claſſe. VII.

Ordinarius: Hr. Sager.

Religion. 2 St., combinirt mit Unterſexta. — Anſchauung. 2 St. Im Anſchluß an Bilder für den Anſchauungs-Unterricht: Betrachtungen über das Leben in Schule und Haus, in Feld und Wald ꝛc. Hr. Grube. — Leſen. 6 St. Von den erſten Elementen bis zum zuſammenhängenden Leſen aus dem Lübeckiſchen Leſebuche. Zwei kleine Abſchnitte wurden wöchentlich aus demſelben memorirt. Hr. Sager. — Orthographie. 2 St. Abſchreiben aus dem Leſebuche. Buchſtabirübungen mit kleinen Dictaten verbunden. Wöchentlich zwei kleine ſchriftliche Hausarbeiten. Derſelbe. — Rechnen. 4 St. Mündliches und ſchriftliches Einüben der Zahlen von 1—100 und Rechnen im Bereich dieser Zahlen. Hr. Grube. — Schreiben. 4 St. Das kleine und große lateinische Alphabet mit Griffel und Bleistift; hierauf das kleine und große Alphabet, deutsch und lateinisch, mit der Feder. Hr. Sager. — Singen und Turnen combinirt mit Unterserta.

Sechste Classe.

Unterserta. VI, 2. Ordinarius: Hr. Collaborator Richter.

Religion. 2 St. Die wichtigsten Geschichten des alten und neuen Testamentes nach Zahn's bibl. Historien wurden erzählt; einige Bibelsprüche in den Stunden memorirt. Hr. Meyer. — Anschauung. 2 St. Im Sommer: Das Leben in Schule, Haus, Wald und Feld. Im Winter: Beschreibung der wichtigsten Säugethiere und Vögel. Hr. Coll. Richter. — Geographie. 2 St. Entwickelung geographischer Begriffe, mit besonderer Berücksichtigung der heimatlichen Umgebung. Allgemeine Uebersicht der Weltmeere und Erdtheile, insbesondere der Länder und Gewässer Europas. Hr. Meyer. — Lesen. 4 St. Uebungen im fertigen Lesen, mit Rücksichtnahme auf Verständniß und Ausdruck. Zweimal wöchentlich memorirten die Schüler kleinere Abschnitte der einzelnen Lesestücke. Hr. Coll. Richter. — Deutsch. 4 St. Die einfachsten Elemente der Grammatik; orthographische Uebungen; wöchentlich zwei kleine schriftliche Hausarbeiten. Derselbe. — Rechnen. 4 St. Die vier Species mit unbenannten Zahlen, für die geübteren Schüler auch Vorübungen mit benannten; in einer Stunde wöchentlich Kopfrechnen. Hr. Grube. — Schreiben. 4 St. Das große und kleine deutsche und lateinische Alphabet in Zusammensetzungen von Wörtern, zwischen Doppellinien. Hr. Sager. — Zeichnen. 2 St. Die Elemente des Zeichnens; gradlinige Figuren. Hr. Grube. — Gesang. 2 St. Uebungen nach dem Gehör. Einstimmige Lieder, deren Text außer der Stunde memorirt wurde. Hr. Sager. — Turnen. 2 St. Freiübungen und Ordnungsübungen nach Spieß. Uebungen am Barren, Reck und Springel. Hr. Grube.

Oberserta. VI. 1. Ordinarius: Hr. Collaborator Richter.

Religion. 2 St. Die Geschichten des alten Testaments nach Zahn's bibl. Historien. Memorirt wurden Gesänge, Bibelsprüche und die drei ersten Hauptstücke des lutherischen Katechismus. Hr. Coll. Richter. — Geographie. 2 St. Im Sommer: Allgemeine Uebersicht der fünf Erdtheile, insbesondere Europas. Im Winter: Die Staaten mit germanischer Bevölkerung, nach Daniel. Hr. Meyer. — Naturgeschichte. 2 St. Im Sommer: Beschreibung inländischer Pflanzen. Im Winter: Das Thierreich im Allgemeinen; genauere Beschreibung der Säugethiere. Hr. Coll. Richter. — Deutsch. 4 St. Vom einfachen Satze, den Wortarten und ihrer Flexion, nach Kröger's Grammatik und mit fleißiger Benutzung des Lesebuches. Orthographische Uebungen. Wöchentlich wurden zwei Aufsätze von den Schülern gemacht. Hr. Coll. Richter. — Lesen. 1 St. Nach Auras und Gnerlich, Th. 1. Auf deutliche Aussprache und richtige Betonung wurde gehalten, auch das Verständniß des Gelesenen nicht außer Acht gelassen. Hr. Sager. — Latein. 8 St. Einübung der Declinationen und regelmäßigen Conjugationen. Vocabellernen. Wöchentlich zwei schriftliche Arbeiten, nach Scherling. Im

Sommer bis Ende August Hr. Dr. Köhler, später Hr. Dr. Eschenburg. Im Winter Hr.
Lindenberg. — Rechnen. 4 St. Die vier Grundrechnungen in benannten Zahlen; für
die Geübteren auch die Regeldetri und die Anfänge der Bruchrechnung. Eine Stunde wurde
ausschließlich dem Kopfrechnen gewidmet. Wöchentlich zwei Hausarbeiten. Hr. Meyer. — Schreiben. 4 St. Wiederholung des deutschen und lateinischen Alphabets. Wörter und Sätze. Hr.
Sager. — Zeichnen. 2 St. Freies Handzeichnen nach Vorlagen. Gradlinige Figuren und
Zusammensetzungen derselben mit leichter Schattirung. Derselbe. — Gesang. 1 St. Lieder
und Choräle. Die Liedertexte wurden zu den Stunden memorirt. Derselbe. — Turnen.
2 St. Einfache und zusammengesetzte Frei- und Ordnungsübungen. Geräthübungen wie VI, 2.
außerdem an Springbock, Leiter und Streckschaukel. Hr. Grube.

Realclassen.

Fünfte Classe. V, b.

Ordinarius: Herr Oberlehrer Mollwo.

Religion. 2 St., combinirt mit V, a. — Geschichte. 2 St. dsgl. — Geographie.
2 St. dsgl. — Mathematik. 4 St. a) Geometrie. 2 St. Von den Winkeln, den Parallelen
und den Dreiecken nach Harms §. 1—28. b) Arithmetik. 2 St. Die Grundoperationen mit
absoluten und algebraischen ganzen Zahlen, nach Harms §. 1—9 und §. 12—17. Im Sommer
der Director; im Winter Hr. Meyer. — Rechnen. 4 St., combinirt mit V, a. — Deutsch. 4 St.
dsgl. — Latein. 4 St. Zu jeder Stunde wurden Verba gelernt (nach Kuhr's Schulgrammatik §. 60—69) und täglich Conjugationsübungen vorgenommen. In 2 St. wurde nach demselben Buche die Formenlehre repetirt und Einiges aus der Syntax, insbesondere die Casuslehre
und der Abschnitt von den Participien, durchgenommen, die Uebungsbeispiele theils mündlich,
theils schriftlich übersetzt, die Vocabeln dazu gelernt, und wöchentlich ein Exercitium eingeliefert.
In den beiden andern Stunden wurden Sätze und zusammenhängende Stücke aus Jacobs' Elementarbuch I. Abschn. 1. u. 3. übersetzt, repetirt und theilweise auswendig gelernt. Im Sommer Hr. OL. Mollwo; im Winter der Director. — Französisch. 6 St. Grammatik nach
Plötz' Elementarbuch, Lect. 1—80. Dazu Leseübungen und Vocabellernen. Wöchentlich zwei
Exercitien und wiederholte Probearbeiten. Hr. OL. Mollwo. — Schreiben, Gesang, Turnen combinirt mit V, a.

Vierte Classe. IV, b.

Ordinarius: Herr Werner.

Religion: 2 St. Erklärung der Sonntagsevangelien und des ersten und dritten
Hauptstückes des lutherischen Katechismus. Memorirt wurden Bibelabschnitte, Gesänge und der
ganze lutherische Katechismus. Hr. Coll. Richter. — Geschichte. 2 St. Alte Geschichte,
im Sommer nach Dietsch, im Winter nach Plötz' Leitfaden. Hr. OL. Mollwo. — Geographie. 2 St. Deutschland und Asien, nach Grautoffs Tabellen. Hr. OL. Mollwo. —
Mathematik. 4 St. a) Geometrie 2 St. Bis zur Lehre von den Parallelogrammen und

der Verwandlung und Theilung der Figuren, nach Scherling's Lehrbuch. Wöchentlich eine Hausarbeit. b) **Arithmetik.** 2 St. Die 4 Species der Buchstabenrechnung mit ganzen und gebrochenen Zahlen, nach Scherling's Leitfaden, Abschnitt I—IV. Wöchentlich eine Hausarbeit. Hr. Meyer. — **Rechnen.** 4 St. Die Decimalbrüche, zusammengesetzte Regeldetri, Kettenregel, hiesige Waarenrechnungen, die Zinsrechnung und Geldreductionen. Eine Stunde diente zum Kopfrechnen und zur Einübung von Rechenvortheilen. Wöchentlich zwei Hausarbeiten. Derselbe. — **Deutsch.** 4 St. Die Satzlehre, nach Kröger's kleiner deutschen Grammatik. 2 St. Uebungen im Lesen und Analysiren nach dem Oldenburger Lesebuche. Wöchentlich wurde ein Gedicht auswendig gelernt und alle 14 Tage ein Aufsatz geschrieben. 2 St. Hr. OL. Sartori. — **Latein.** 4 St. Gelesen und schriftlich übersetzt: Corn. Nep. vita Pomp. Attici. Das Uebersetzte wurde wöchentlich ins Lateinische zurücküberſetzt und öfters repetirt. 2 St. Grammatik nach Kuhr's Schulgrammatik der Lateinischen Sprache: die Casuslehre (§. 73—119 der Satzlehre) verbunden mit Uebersetzungen ins Lateinische. 2 St. Derselbe. — **Französisch.** 4 St. Das Personalpronomen, das reflexive Verb, der Theilartikel, Grundzüge der Lehre vom Conjunctiv, Formenlehre des Substantiv und Adjectiv, nach Plötz Lect. 29—31. Die unregelmäßige Conjugation, nach Plötz Lect. 1—23. Bemerkungen über das Verb, Lect. 24—28. Wöchentlich ein Exercitium. 2 St. Gelesen: Mad. de Genlis, les veillées du château in Auswahl. 2 St. Hr. Werner. — **Englisch.** 4 St. Aussprache, Lesen, Orthographie, Vocabellernen und Elementargrammatik nach Plate I. Wöchentlich ein Exercitium. Derselbe. — **Schreiben.** 3 St. Uebung und Erklärung des deutschen und lateinischen großen Alphabets, einzeilige Sätze. Monatlich Probeschriften und Dictate. Hr. Coll. v. Großheim. — **Gesang.** 1 St., combinirt mit IV, a.

Dritte Classe. III, b.

Ordinarius: Hr. Oberlehrer Burow.

Religion. 2 St. Repetition der biblischen Geschichte. Gelernt und erklärt wurde das erste und dritte Hauptstück, evangelische Pericopen und Gesänge. Hr. OL. Burow. — **Geschichte.** 2 St. Das Mittelalter. Derselbe. — **Geographie.** 2 St. Europa mit Ausschluß von Deutschland. Derselbe. — **Naturgeschichte.** 2 St. Im Sommer: Botanik. Im Winter: die Rückgratsthiere nach Leunis' Schulnaturgeschichte. Hr. Prof. Scherling. — **Physik.** 2 St. Die wichtigsten Gesetze aus allen Theilen der Physik, nach Scherling's Grundriß. Derselbe. — **Mathematik.** 5 St. Algebra, bis zu den Gleichungen des 1. Grades und der zweite Theil der Planimetrie, nach Scherling's Lehrbüchern, je 2 St. Auflösung planimetrischer Aufgaben mit besonderer Rücksicht auf correcte und saubere Zeichnung der Figuren. 1 St. Derselbe. — **Rechnen.** 4 St. Geld- und Wechselreduction und Waarenrechnungen. Hr. Coll. v. Großheim. — **Deutsch.** 4 St. Grammatik, mit mündlichen und schriftlichen Uebungen. Lernen prosaischer und poetischer Stücke. Alle 14 Tage ein Aufsatz. Hr. OL. Burow. — **Latein.** 3 St. Gelesen, schriftlich übersetzt und zurücküberſetzt: Caes. bell. gall. VI. 2 St. Elemente der Metrik, eingeübt an einigen Abschnitten aus Siebelis Tirocinium poëticum. Grammatik nach Kuhr §. 120—178, verbunden mit Uebungen zum Uebersetzen

ins Lateinische. 1 St. Hr. OL. Sartori. — Französisch. 4 St. Grammatik nach Plötz II.
Lect. 24—50. Wöchentlich ein Exercitium. 2 St. Gelesen: Em. Souvestre, au coin du feu.
2 St. Hr. Werner. — Englisch. 3 St. Grammatik nach Plate und wöchentliche Exercitien.
Gelesen aus Gantter's Chrestomathie. Hr. Peacod. — Schreiben. 2 St. Uebungen in der
Canzlei- und Fracturschrift und in ein- und zweizeiligen Sätzen nach Vorschriften. Monatlich
Probeschriften. Hr. Coll. v. Großheim.

Selecta.

(Oberste Realclasse. Cursus 2jährig.)

Ordinarius: Hr. Professor Scherling.

Religion. 2 St. Alttestamentliche Geschichte. Repetition des Katechismus, insbesondere des 2. und 5. Hauptstücks. Hr. OL. Burow. — Geschichte. 2 St. Die Zeit von 1492—1700. Derselbe. — Geographie. 2 St. Teutschland. Derselbe. — Naturgeschichte. 2 St. Im Sommer Botanik; im Winter Durchnahme der geologischen Epochen, sodann Gesammtüberficht des Thierreichs, nach Leunis' Schulnaturgeschichte. Hr. Prof. Scherling. — Physik. 2 St. Die allgemeinen Eigenschaften der Körper und ihre Verschiedenheit. Statik und Dynamik. Akustik. Nach seinem Grundriß der Physik. Derselbe. — Chemie. Abth. I. 2 St. Die Metalloide und ihre Verbindungen und ebenso die leichten Metalle. Hr. OL. Dr. Reuter. — Mathematik. 7 St. Abth. I. u. II. Gleichungen des 1. Grades mit mehreren Unbekannten, des 2. Grades, diophantische und höhere Gleichungen. Combinationslehre. 2 St. — Ergänzungen der Planimetrie und Lösung von Aufgaben, mit wöchentlichen Hausarbeiten. 1 St. — Abth. I. Stereometrie. 2 St. Projectionslehre und Schattenconstructionen. 2 St. Hr. Prof. Scherling. — Rechnen. Abth. II. 4 St. Einfache und zusammengesetzte Wechselreductionen; Wechseldiscont- und Wechselspesenrechnungen; Esesenrechnungen, Facturen, Verkaufsrechnungen und Waarencalculationen. Uebung im Kopfrechnen. Hr. Coll. v. Großheim. — Deutsch. 3 St. Literaturgeschichte in Anschluß an Lüben's Auswahl. Alle drei Wochen ein Aufsatz; kleinere schriftliche Arbeiten nach Bedürfniß. Uebungen im Vortrag freier Ausarbeitungen. Hr. OL. Burow. — Latein. 3 St. Repetition der Grammatik, mit schriftlichen und mündlichen Uebersetzungsübungen. Gelesen, schriftlich übersetzt und repetirt, zum Theil auch gelernt wurden Stücke aus Livius und Ovid, nach Breier's Lesebuch I, 6. 8. 10. 11, 3 u. 8. Derselbe. — Französisch. 4 St. Grammatik nach Plötz, Lect. 50 bis Ende. Wöchentlich ein Exercitium. 2 St. Gelesen: Delavigne, les enfants d'Edouard. Al. Dumas, Histoire de Napoléon. 2 St. Hr. Werner. — Englisch. 3 St. Wöchentlich ein Exercitium nach Fränkel. — Gelesen: Shakespeare's Julius Caesar. 2 St. — Vorgetragen: the Elizabethan literature. 1 St. Hr. Peacod. — Zeichnen. 2 St. Linearperspective und Anwendung derselben beim Zeichnen nach der Natur. Hr. Evers. — Schreiben. 2 St. Abth. II. Uebungen in der deutschen und römischen Canzlei- und Fracturschrift. Handelsbriefe, Rechnungen und Geschäftsaufsätze. Monatlich eine Probeschrift. Hr. Coll. v. Großheim.

Gymnasialclassen.

Fünfte Classe. V, a.

Ordinarius: Hr. Oberlehrer Dr. Holm.

Religion. 2 St. Biblische Geschichte des alten Testaments nach Zahn. Memorirt wurden Gesänge, Bibelsprüche und der ganze lutherische Katechismus. Hr. Coll. Richter. — Geschichte. 2 St. Erzählungen aus der alten und neuern Geschichte, nach Stacke. Einübung der hauptsächlichsten Jahreszahlen. Hr. OL. Dr. Baumeister. — Geographie. 2 St. Die einfachsten Lehren aus der mathematischen Geographie. Europa im Allgemeinen und specieller Deutschland, nach Daniel. Hr. Meyer. — Naturgeschichte. 2 St. Im Sommer Botanik, mit Berücksichtigung der Culturpflanzen Deutschlands. Im Winter die Knochenthiere nach der Schulnaturgeschichte von Leunis. Hr. Grube. — Teutsch. 4 St. In der Regel wöchentlich ein Aufsatz. Grammatik nach Kröger. Schriftliche und mündliche Uebungen. Lesen und Declamiren. Im Sommer bis Ende August Hr. Dr. Köhler, später Hr. Dr. Eschenburg; im Winter Hr. Lindenberg. — Latein. 8 St. Wöchentlich zwei Exercitia aus dem Gröbel bis zur Mitte der Casuslehre. Alle 14 Tage Probearbeiten. 2 St. Die syntaktischen Regeln nach dem Regelhefte memorirt und mündliche Extemporalien aus dem Gröbel. 2 St. Gelesen aus Jacobs I. S. 67—75 und 37—41. 2 St. Die Etymologie nach Berger repetirt und beendigt. 2 St. Täglich 10 Vocabeln aus dem Jacobs gelernt. Hr. OL. Dr. Holm. — Französisch. 4 St. Der erste Cursus von Plötz, Abschn. I—IV. durchgenommen. Wöchentlich ein Exercitium. Derselbe. — Rechnen. 4 St. Die Regeldetri und die Bruchrechnung; für die Geübteren auch die Decimalbrüche, die zusammengesetzte Regeldetri und die Kettenregel. Eine Stunde nur Kopfrechnen. Wöchentlich zwei schriftliche Hausarbeiten, und ein Stück des großen Ein mal Eins memorirt. Hr. Meyer. — Schreiben. 4 St. Uebung der Grundstriche und der kleinen und großen Buchstaben des deutschen und lateinischen Alphabets. Monatlich Probeschriften. Hr. Coll. v. Großheim. — Gesang. 1 St. Choräle und Lieder. Die Liedertexte wurden außer den Stunden memorirt. Hr. Sager. — Turnen. 2 St. Einfache und zusammengesetzte Freiübungen. Hang-, Stemm- und Schwingübungen, Springen, Steigen, Klimmen und Klettern. Hr. Grube.

Vierte Classe. IV, a.

Unterquarta. IV a. 2. Ordinarius: Hr. Oberlehrer Mollwo.

Latein. 8 St. Im Winter: Wöchentlich ein Exercitium nach Gröbel's Anleitung bis zum Ende der Casuslehre. Alle 14 Tage bis 3 Wochen eine Probearbeit; daneben mündliche und schriftliche Extemporalien sowie Repetitionen der Exercitien. 4 St. Repetition der Formenlehre, namentlich der Verba. 1 St. Gelesen aus Jacobs' Elementarbuch Thl. II. S. 28—47; 99—102. Das Gelesene wurde schriftlich übersetzt, in größeren Abschnitten repetirt, die Vocabeln gelernt und alle drei Wochen ein Capitel memorirt. 3 St. OL. Mollwo. — Griechisch. 4 St. Die Etymologie bis zu den Verben auf $\mu\iota$. Vocabeln aus Dettner's Vocabular: Substantiva, Adjectiva, Verba. Wöchentlich ein Exercitium aus demselben. Aus

Jacobs' Elementarbuch wurden ausgewählte Abschnitte schriftlich und mündlich übersetzt. Im Sommer bis Ende August Hr. Dr. Köhler, später Hr. Dr. Eschenburg; im Winter Hr. Prof. Prien. — Im Uebrigen combinirt mit Oberquarta.

Oberquarta. IV a. 1. Ordinarius: Hr. OL. Dr. Baumeister.

Religion. 2 St. Das erste und dritte Hauptstück des Katechismus. Hr. OL. Sartori. — Geschichte. 2 St. Alte Geschichte nach Pütz' Grundriß I. Hr. Prof. Dettmer. — Geographie. 2 St. Asien und Amerika nach Grautoff's Tabellen. Dazu Karten gezeichnet. Hr. OL. Sartori. — Naturgeschichte. 2 St. Im Sommer Botanik; im Winter die Wirbelthiere nach Leunis' Schulnaturgeschichte. Hr. OL. Dr. Reuter. — Deutsch. 2 St. Alle 14 Tage ein Aufsatz. Declamationsübungen, abwechselnd mit Wiedererzählen zu Hause durchgelesener Geschichten. Gelegentliche Repetitionen aus der Grammatik, sowie Extemporalien. Uebungen im Analysiren und im Lesen. Hr. OL. Mollwo. — Latein. 8 St. Wöchentlich zwei Exercitien nach Gröbel's Anleitung, welche zu Ende geführt ward. Alle 14 Tage eine Probearbeit; daneben mündliche und schriftliche Extemporalien und Repetitionen der Exercitien. 4 St. Gelesen ward aus Jacobs' Elementarbuch Th. II S. 1—32. und S. 113—162 (letztere mit Wegfall einiger Stücke). Einiges memorirt. 3 St. Repetition der Formenlehre, namentlich der Verba. 1 St. Hr. OL. Dr. Baumeister. — Griechisch. 4 St. Die Etymologie wurde bis zu den Verben auf μι einschließlich gelernt und eingeübt; der erste Cursus des Vocabulars wurde ganz gelernt und mehrmals repetirt, der zweite theilweise gelernt. Wöchentlich ein Exercitium, anfangs aus dem Vocabular, später aus Rost und Wüstemann Curs. I. Gelesen wurde aus Jacobs' Elementarbuch Th. I Curs. 2. S. 74—83. S. 107—112. S. 122—129. Das Gelesene wurde schriftlich übersetzt und abschnittsweise repetirt, die Vocabeln memorirt. Hr. Prof. Dr. Dettmer. — Französisch. 2 St. Grammatik nach Plötz' Elementarbuch, Lect. 74—85. II, 1—23; namentlich wurden die unregelmäßigen Verba mündlich und schriftlich eingeübt, viele Vocabeln gelernt und die Beispiele übersetzt. Alle 14 Tage ein Exercitium. Hr. OL. Mollwo. — Mathematik. 4 St. Geometrie bis zur Congruenz der Dreiecke incl. 2 St. Arithmetik: Die vier Grundoperationen in ganzen und gebrochenen, positiven und negativen Zahlen. 2 St. Hr. OL. Dr. Reuter. — Rechnen. 2 St. Abth. 1: Die Zinsrechnung, Theilungsrechnung und Rechnungen vom Geldcurs. — Abth. 2: Wiederholung der Bruchrechnung, die Decimalbrüche, Kettenregel und Waarenrechnung. Hin und wieder Kopfrechnen mit der ganzen Classe. Wöchentlich einmal hatten die Schüler Hausarbeiten zu liefern. Hr. Coll. Richter. — Schreiben. 2 St. Ein- und mehrzeilige Sätze in deutscher und lateinischer Schrift nach Vorlegeblättern. Derselbe. — Gesang. 1 St. Choräle und Lieder ein- und zweistimmig. Hr. Sager.

Dritte Classe. III, a.

Ordinarius: Hr. Professor Dr. Dettmer.

Religion. 2 St. Evangelische Heilsgeschichte. Geschichte der Apostel. Bibl. Gesch. des Alten Test. bis Abraham. 1 St. Der erste Artikel des Katechismus. 1 St. Hr. OL. Sartori. — Geschichte. 2 St. Geschichte des Mittelalters und der neuern Zeit, nach kurzen Dictaten. Hr. OL. Dr. Holm. — Geographie. 2 St. Portugal, Spanien, Frankreich, Italien, die Türkei und Griechenland. Dazu Karten gezeichnet. Hr. OL. Sartori. — Deutsch. 2 St. Aufsätze alle drei Wochen, Declamationsübungen wöchentlich. Uebungen in der Bildung von Sätzen und Redefiguren. Gelesen: Wackernagel Th. 3. und einige Dramen von Schiller, Lessing und Goethe. Hr. OL. Sartori. — Latein. 10 St. Syntax nach Berger's Grammatik, verbunden mit mündlichen und schriftlichen Extemporalien. Wöchentlich ein Exercitium aus Süpfle's Aufgaben Th. I., monatlich eine Repetition und eine Probearbeit. 4 St. Gelesen wurde Caes. bell. gall. V. VI. bell. civ. II. Das Gelesene ward großentheils schriftlich übersetzt, von Zeit zu Zeit repetirt, wöchentlich ein Capitel memorirt. 4 St. Hr. Prof. Dr. Dettmer. — Gelesen, theilweise schriftlich übersetzt und memorirt: Ovid. Metam. XIII, 123—398. XV, 60—251. I, 1—162. 253—415. Anfänge der Prosodik und Metrik. Kleine metrische Uebungen. 2 St. Hr. Prof. Mantels. — Griechisch. 6 St. Xen. Anab. l. gelesen und großentheils schriftlich übersetzt und repetirt, Einzelnes memorirt. 3 St. Wöchentlich ein Exercitium aus Rost und Wüstemann Curs. 2. 1 St. Repetition und Erweiterung des grammatischen Cursus von Quarta, Einübung der unregelmäßigen Verba. Der erste Cursus des Vocabulars wurde repetirt, der zweite ganz memorirt, die Uebungsaufgaben mündlich übersetzt. 2 St. Derselbe. — Abth. I. Hom. Od. III. gelesen, repetirt und kleine Abschnitte memorirt. 2 St. Hr. Prof. Prien. — Französisch. 2 St. Grammatik nach Plötz II. bis zu den Regeln über den Conjunctiv. Exercitia alle 14 Tage. 1 St. Gelesen aus Lü deling II. 1 St. Hr. OL. Dr. Holm. — Englisch. Abth. II. 2 St. Grammatik nach Newman's Anhang. Gelesen aus Gantter's Chrestomathie. Hr. Peacod. — Abth. I. 2 St. Grammatik und wöchentliche Exercitien nach Plate's Lehrgang II. Lect. 1—40. Die englischen Uebungsstücke wurden ganz, die deutschen mit Auswahl gelesen und übersetzt. Von Michaelis an wurde eine Stunde zum zusammenhängenden Lesen aus Gantter's Chrestomathie I. verwandt (S. 30—55). Der Director. — Mathematik. 4 St. Gleichheit der Figuren, Lehre vom Kreise, mit vielen Aufgaben und Anwendungen. 2 St. Gleichungen des ersten Grades mit einer und mehreren Unbekannten. Proportionslehre und ihre Anwendung. 2 St. Hr. OL. Dr. Reuter. — Rechnen. Abth. II. 2 St. Decimalbrüche, Zins-, Rabatt- und Terminrechnung, Theilungsrechnung, Gewinn- und Verlustrechnung, Flächen- und Körperrechnung. Hr. Coll. v. Großhelm.

Zweite Classe. II.

Ordinarius: Hr. Professor Mantels.

Religion. 2 St. Uebersetzt und erklärt: Apostelgeschichte Cap. 19. bis zu Ende. Ev. Marc. Ev. Job. 1—3. Hr. Prof. Mantels. — Geschichte. 3 St. Geschichte der Inder und Perser, Alexander des Großen und seiner Nachfolger; darauf Geschichte der Römer bis auf Constantin. Hr. OL. Dr. Baumeister. — Deutsch. 2 St. Halbjährlich vier Aufsätze. Extemporalien. Declamationsübungen in Verbindung mit freien Vorträgen. Seit Weihnacht Reineke Vos nach Hoffmann's Ausgabe gelesen. Hr. Prof. Mantels. — Latein. 10 St. Wöchentlich ein Exercitium nach Nägelsbach's Uebungen oder Dictaten. Extemporalien. Verger's Stylistik durchgenommen. 2 St. Gelesen: Sallusti Catilina cap. 37—61. Cic. Cat. III. Cic. Laelius. 3 St. Ovid. Metamorph. XIII, 123—398. Trist. I. III, 1—5. 7. 10—12. Virg. Aen. III—V. Halbjährlich vier metrische Arbeiten. 3 St. Derselbe. Liv. XXVIII. XXIX, 1—20. 2 St. Hr. OL. Mollwo. — Griechisch. 7 St. Im Sommer gelesen: Herodot VI. ganz und Homer. Od. IX—XII. zu Ende; im Winter: Lysias Oratt. VII. XII. XXIV. XXX. XXXII. und Hom. Iliad. X—XIII, 200. Monatlich drei Exercitien aus Caes. Bell. Gall. und eine Stunde Grammatik. Hr. OL. Dr. Baumeister. — Französisch. Lectüre aus Ideler und Nolte I, zuletzt Le Bourgeois gentilhomme und Le Cid. 1 St. — Grammatik, Plötz II. beendigt. Exercitien alle 14 Tage. 1 St. Hr. CL. Dr. Holm. — Englisch. 2 St. Gelesen: W. Irving's Sketch Book und Byron's Sardanapalus. Von Zeit zu Zeit Extemporalien. Hr. Peacock. — Hebräisch. 2 St. Grammatik, mit mündlichen und schriftlichen Uebungen. Gelesen aus dem Buche Josua. Hr. OL. Burow. — Mathematik. 4 St. Quadratische Gleichungen mit einer und mehreren Unbekannten. Arithmetische und geometrische Reihen, Logarithmen. Aehnlichkeit der Figuren, Ausmessung derselben und Anwendung der Algebra auf die Geometrie. Hr. OL. Dr. Reuter.

Erste Classe. I.

Ordinarius: Der Director.

Religion. 2 St. Gelesen und erklärt: Tria Symbola Catholica und Conf. Aug. nach Märkel's Ausgabe; darauf der Römerbrief Cap. 1—8. Der Director. — Geschichte. 3 St. Das 15—17. Jahrhundert. Seit Michaelis ward dem Unterricht das historische Hülfsbuch von W. Herbst zu Grunde gelegt. Er. Prof. Mantels. — Deutsch. 2 St. Alle Vierteljahr ein Aufsatz; alle vierzehn Tage Uebungen im freien Vortrage mit Disputationsübungen*),

---

*) Bei Disputirübungen treten nach den Erfahrungen, die ich als Schüler und als Lehrer gemacht habe, besonders zwei Schwierigkeiten hervor, erstens, daß überhaupt ein Gespräch in Gang komme, zweitens, daß dasselbe in gutem Zusammenhange verlaufe. Nach vielen vergeblichen Bemühungen hat sich mir folgendes Verfahren als zweckmäßig erwiesen. Der Schüler, welcher einen Vortrag zu halten hat, wählt sich vorher zwei Opponenten und, wenn er will, einen Vertheidiger, doch kann er auch seine Vertheidigung allein übernehmen. Die Disputation bezieht sich lediglich auf den gehaltenen Vortrag, und erst wenn die bestellten Sprecher, sei es angreifend oder vertheidigend, vollständig ausgeredet haben, ist es den übrigen erlaubt, ihrerseils das Wort zu nehmen. Dies ist indeß sehr selten vorgekommen, da entweder durch die Disputation bereits alles Wesentliche erledigt, oder auch die Stunde abgelaufen war. Es sind in den letzten fünf Jahren über folgende frei gewählte Themata Vorträge gehalten: C. Marius. — Lykurg's Gesetze. — Vom Wetter. — Der Templerorden. — Vehmgerichte. — Schiller's Maria Stuart. — Die Athenische Verfassung. — Kriegführung der Römer zur Zeit der Republik. — Das griechische Theater. — Michael Kohlhaas. — Das Glück, nach Schiller. — Gudrun. — Jahn. — Wilhelm von Oranien. -- Saladin, nach Lessing. — O. Roquette. — Vorboten der Reformation. — Von den deutschen Kurfürsten — Alcibiades. — Des Menschen Herrschaft und Rechte über das Thierreich. — Pyrrhus. — Götz von Berlichingen. — Eteokles, nach Aeschylus. — Epaminondas und Gustav Adolf. — Sophokles' Philoktet. — General York. — Das Geschlecht der Labdaciden. — Die Dorische Wanderung. — Belzoni. — Philipp von Macedonien und Napoleon. — Das Ideal eines Redners, nach Cicero. — Ovid's Klagelieder. — Lübeck und die Hansa. — Freiherr von Stein. — Die Frithjofs Sage. -- Charactere aus Hamlet. — Frankreichs politisches Uebergewicht. — Zustand des osmanischen Reichs. — Iphigenie, nach

gelegentlich Classenaufsätze. Gelesen: Das Nibelungenlied nach Holtzmann's Schulausgabe, Aufl. 2. Der Director. — Latein. 10 St. Wöchentlich ein Exercitium nach Originalaufsätzen und Dictaten, monatlich eine freie Arbeit. 1 St. Extemporalien. 1 St. Gelesen: Cic. de off. I. II. und Stücke aus III. — Tac. Hist. I—III, 35. 3 St. Zur Uebung im Lateinsprechen: Arist. Eth. Nic. L 1 St. Zusammen 7 St. Derselbe. — Gelesen Plaut. Trinum., Horat. Epist. II. Carm. I—IV. in Auswahl. 2 St. Hr. Prof. Prien. — Griechisch. 7 St. Gelesen und zum Theil repetirt: Soph. Oed. R. Plat. Gorgias. Hom. Il. III—VII. XVIII —XX. Thuc. I. Monatlich 3 Exercitien aus Sall. Jug. und eine Stunde Grammatik. Hr. Prof. Prien. — Französisch. 2 St. Gelesen: Gedichte von Delavigne und V. Hugo (Ausg. von Melford). Nouvelles pittoresques. 1 St. Extemporalien, die zu Hause corrigirt wurden. 1 St. Hr. OL. Dr. Holm. — Englisch. 2 St. Scott's Lay of the Last Minstrel und Shaksp. the Tempest. 1 St. History of English Literature: The latter part of the 18th century and the commencement of the 19th 1 St. Hr. Peacock. — Hebräisch. 2. St. Repetition der Grammatik. Gelesen wurden Abschnitte aus den Büchern Josua, Richter und Psalmen. Hr. OL. Burow. — Mathematik. 2 St. Anwendung der Logarithmen. Stereometrie. Hr. OL. Dr. Reuter. — Physik. 2 St. Die Lehre vom Gleichgewicht der Kräfte, von den mechanischen Eigenschaften tropfbar-flüssiger und gasförmiger Körper, vom Magnetismus und der Electricität, von der Wärme. Derselbe.

Euripides und Goethe. — Menschenracen. — Römerkriege in Germanien. — Talbot, nach Schiller. — Hermann und Dorothea. — Max Piccolomini. — Aristophanes' Frösche. — Aeschylus' Agamemnon. — Die alten Deutschen, nach Tacitus. — Japan — Plautus Epidicus. — Karl der Große, Rudolf von Habsburg und Joseph II. — Folgen der Kreuzzüge. — Europa's Uebelegenheit gegen die übrigen Welttheile. — Jahn und die Lützower. — Rollenhagen's Froschmäusler. — Sulla und Cäsar. — Egmont und Oranien. — Die Braut von Messina. — Hans Sachs. — Preußens Stellung zu Deutschland. — Die Griechen. — Grundzüge des deutschen Charakters. — Die Belagerung von Colberg. — Erinnerungen aus Süvafrika. — Karl's des Großen Verdienste um die Volksbildung. — Die Béluspa. — Stenographie. — Philipp II. — Schiller als Freiheitsdichter. — Alexander der Große. — Plautus' Triumvus. — Johanna d'Arc bei Shakspeare und Schiller. — Culturzustände unter Maximilian I. — Athen's Verfall. — Schiller's Tell. — Arndt, Körner und Schenkendorf. — Orest und Pylades. — Friedrich Barbarossa und Friedrich II — Das Mittelalter. — Wallenstein's Lager. — Die Behörden in Athen. — Charaktere aus der französischen Revolution. — Aristophanes' Wolken. — Bürger als Volksdichter. — Fouqué. — Uhland. — Livius' politische Ansichten. — Die Freier der Penelope. — Waterloo, von Scherrenberg. — Der peloponnesische und der dreißigjährige Krieg. — J. H. Voß. — Eisenbahnen und Dampfschiffe. — Uneheliche Leute. — Das römische Lager. — Quarin. — Zwein. — Gottesgerichte. — Aegyptische Götter. — Solon. — Uhland als Dramatiker. — Die Freundschaft, nach Cicero's Lälius. — Die Freiheitskämpfe der Dithmarsen. — Maria Stuart. — Geibel's Zeitstimmen. — Zauberei bei den Alten. — Lessing's Theorie der Tragödie. — Rhetorik nach Plato's Gorgias. — Sallust als Historiker. — Die Reformation in Lübeck. — Ulrich von Hutten. — Geibel's Brunhild. — Hiob. — Gehler's Tod. — Steuersee. — Deutsche Frauen. — Helland. — Egmont. — Leisewig. — Leben und Sitten in den Niederlanden — Sprichwörter. — Macbeth. — Don Carlos. — Fr. Perthes. — Chöre aus der Braut von Messina. — Epaminondas und Pelopidas. — Fürstentreue nach den Nibelungen. — Walter von der Vogelweide. — Zwingli und Calvin. — Claus Groth. — Das deutsche Volkslied. — Bernhard von Weimar. — Der Wandsbecker Bote. — Lilly. — Sokrates. — Hebel's Alemannische Gedichte. — Humanismus. — Schiller's Spaziergang. — Carl XII. und Alexander d. Gr. — Minna von Barnhelm. — Cäsar und Cato nach Sallust. — Ossian. — Wikinger. — Aeronauten. — Todtenfeier in Aegypten.

Gesang, Zeichnen und Turnen.

Die erste Gesangclasse, unter Leitung des Herrn Professor Scherling, zählte anfangs 28 Schüler, zuletzt 22, worunter 10 Sopranisten, 9 Altisten, 1 Tenorist, 2 Bassisten, und zwar aus II 2, III* 1, IV* 11, IV* 5, V* 3 Schüler. Geübt wurden vierstimmige Lieder, Choräle, Chöre und Motetten. 2 St.

Der Zeichenunterricht wurde außer den für Selecta besonders angesetzten Stunden (f. S. 55) in drei Abtheilungen ertheilt und von 87 Schülern besucht.

Abth. III. 2 St. Hr. Collaborator v. Großheim. Schülerzahl 30, und zwar aus der Realschule 8 Quintaner, 1 Quartaner; vom Gymnasium 16 Quintaner und 5 Quartaner.

Abth. II. 2 St. Hr. Milde, später Hr. Evers. Schülerzahl 30, nämlich aus der Realschule 1 Quintaner, 17 Quartaner; vom Gymnasium 1 Quintaner und 11 Quartaner.

Abth. I. 2 St. Hr. Milde, später Hr. Evers. Schülerzahl 27, und zwar von der Realschule 11 Tertianer, 3 Selectaner; vom Gymnasium 11 Tertianer, 2 Secundaner.

Geturnt wurde von den Schülern der mittleren und oberen Classen an zwei Nachmittagen, im Sommer auf dem Turnplatze vor dem Burgthore, im Winter im Turnlocal zu St. Catharinen. Turnlehrer Hr. Schmahl. Turnwart im Sommer Primaner Ehlers, im Winter Primaner von Ferber. Einen erfreulichen Fortschritt in der Organisation der Turnerschaft bekundet der Beschluß, die Riegen nicht mehr wie sonst nach der Classenordnung, sondern nach den Fortschritten im Turnen zu bilden. Am Schluß jedes Semesters wurde in Gegenwart des Directors ein festliches Preisturnen gehalten. Die Zahl der Turner betrug im Sommer 101, im Winter nur 62; darunter vom Gymnasium 5 Primaner, 10 Secundaner, 9 Tertianer, 16 Quartaner, zusammen 40; von der Realschule 22, nämlich 7 Selectaner, 7 Tertianer, 8 Quartaner. Vereinigt mit den Turnern des Catharineums waren außerdem 27 Schüler der Candidatenschule.

Die Arbeitsstunden, welche täglich unter Aufsicht des Herrn Meyer, mit Zuziehung des Primaners Amann, gehalten wurden, sind besucht worden von 27 Schülern, nämlich 16 Sextanern, 10 Quintanern 1 Quartaner.

---

3. Bibliothek und Lehrmittel.

Die Bibliothek, von Herrn Professor Scherling verwaltet, ist theils durch Geschenke, theils durch Ankauf neuer Schriften vermehrt worden. Angekauft wurde: Aeschyli Agamemnon, ed. Keck. Außerdem die Schlußlieferungen von Sander's deutschem Wörterbuch und die Fortsetzungen folgender Zeitschriften: Neue Jahrbücher der Philologie und Pädagogik; die Zeitschrift für das Gymnasialwesen; Herrig's Archiv; das neue Schweizerische Museum; Petermann's Mittheilungen nebst Ergänzungen; Poggendorf's Annalen; Stiehls Centralblatt für das gesammte Unterrichtswesen; auch mehrere kleine für die Lectüre bestimmte Schriften.

Als Geschenk erhielt die Schule und nahm mit Dank entgegen:
Von Einem Hohen Senate: Geschichte Julius Cäsars I. nebst Atlas. — Geschichtschreiber der deutschen Vorzeit Lfg. 46.

Von Herrn Dr. Schubring in Messina drei Abhandlungen zur Topographie und Geschichte von Syrakus.

Für die naturhistorische Sammlung schenkte der Quartaner Ludwig Höppener eine ausgestopfte Ohreule aus Finnland.

Für den geographischen Unterricht ist angeschafft eine Wandkarte von Europa; außerdem schenkte der Selectaner Emil Petit eine von ihm selbst verfertigte Wandkarte der pyrenäischen Halbinsel, und der Tertianer Cäsar von Hildebrand eine solche von Italien.

Für das physikalische Cabinet sind angeschafft: eine Decimalwage, ein Gasometer, ein Löthrohr-Apparat, ein Wasserzersetzungs-Apparat, sechs Elemente einer Kohlen-Zink-Batterie, zwei parabolische Spiegel zur Wärmestrahlung, außerdem eine große Anzahl von Glasröhren, Retorten, Kolben, Reagenzgläsern und Reagentien.

4. Chronik.

Am 24. April 1865 wurde die Schule mit der üblichen Feierlichkeit eröffnet. Die Ansprache hielt Hr. Oberlehrer Sartori über die Treue, wie sie im Verhältniß des Schülers und Lehrers sich kund giebt.

An demselben Tage wurde dem neugewählten Senator Herrn Georg Friedrich Harms eine von Professor Dr. Prien verfaßte Schrift: über Symmetrie und Responsion der Sapphischen und Horazischen Ode, durch eine Deputation des Lehrercollegiums überreicht.

In Veranlassung der Geburt eines Sohnes empfing die Schulcollegen-Wittwencasse am 26. Mai ein Geschenk von Ct. ℔ 50, was hier mit Dank gegen den ungenannten Geber in Erinnerung gebracht wird.

Das allgemeine Schulfest des Catharineums ist am 17. Juni, das Schützenfest der Vorschule am 20. in herkömmlicher Weise gefeiert worden. Beide Feste, vom Wetter angenehm begünstigt, stehen allen Theilnehmern noch in frohem Angedenken.

Um Johannis 1865 ist Herr Wilde auf sein Ansuchen vom Zeichenunterrichte bis weiter dispensirt worden, um alle seine Zeit und Kraft der Ausführung des großen Fensters über dem Hauptportal des Cölner Domes widmen zu können. Um dieselbe Zeit hat mit Genehmigung einer verehrlichen Schuldeputation Herr Johannes Evers, Lehrer am Waisenhause, den Unterricht im Zeichnen an den beiden gemischten Abtheilungen, seit Michaelis auch noch außerdem in Selecta zwei besondere Stunden übernommen.

Am 27. August 1865 verschied nach längerem schweren Leiden der Quintaner der Realschule Hermann Wertelmeyer an einer Herzkrankheit im zwölften Lebensjahre. Er war vom siebenten Jahre an Schüler des Catharineums, zeichnete sich durch Ordnungsliebe und Pflichttreue vor andern aus, war bei großer Lebhaftigkeit treuherzig, harmlos und verträglich, bei den Mitschülern ein eben so beliebter Spielkamerad als seinen Lehrern ein werther Schüler. Die Classe gab ihm das letzte Geleit; die Schule gedachte seiner und der trauernden Eltern in der Morgenandacht.

Am 31. August 1865 nahm Hr. Dr. Franz Köbler von der Schule Abschied, nachdem er seit Ostern 1863 an derselben als Hülfslehrer in Obersexta, Quinta und Quarta, eine Zeit lang auch in Tertia mit eben so viel Treue als Geschick und Erfolg thätig gewesen. So jung er auch bei seinem Eintritte war, zeigte er sich doch bald sowohl im Unterrichte als in der Handhabung der Disciplin als geborener Lehrer, namentlich ausgezeichnet in der Behandlung des Elementarunterrichts der lateinischen und griechischen Sprache. Er ist einem ehrenvollen Rufe nach Reval an das Domgymnasium daselbst gefolgt. Mit Genehmigung der verehrlichen Schuldeputation führte Hr. Dr. Bernhard Eschenburg, der gerade die Universitätsferien hier im Elternhause zubrachte, die Lectionen des abgegangenen bis zum Schlusse des Semesters fort, und hat sich nicht nur durch seinen unverdrossenen Eifer den Dank der Schule verdient, sondern auch zugleich für sich selbst in diesem ersten Versuche die Licht- und Schattenseiten des Lehrerberufes aus eigener Erfahrung einigermaßen kennen gelernt. Um Michaelis ist Herr Candidat Heinrich Lindenberg als Hülfslehrer von einer verehrl. Schuldeputation angenommen worden, und hat den lateinischen Unterricht in Obersexta, den deutschen in Quinta, im Ganzen zwölf Stunden übernommen.

Bei Eröffnung des Wintersemesters am 9. October 1865 hielt Herr Oberlehrer Burow die Ansprache, anknüpfend an Psalm 106, 1.: **Danket dem Herrn, denn er ist freundlich und seine Güte währet ewiglich.**

Am 16. November 1865 sind die neu ausgebauten Classen des Catharineums in Gebrauch genommen worden.

Am 8. Januar 1866 überreichte das Catharineum dem neu gewählten Senator Herrn Dr. Heinrich Gustav Plitt durch eine Deputation eine von Professor Mantels verfaßte Denkschrift, betitelt: Aus dem Memorial oder Geheim-Buche des Lübecker Krämers Hinrich Dunkelgud von 1479 bis 1517.

Im Laufe des Winters und besonders während eines längeren Fußleidens des Herrn Sager hat der Primaner Th. Meyer in Obersexta dankenswerthe Hülfe geleistet.

5. Statistische Nachrichten.

Zahl der Schüler.

	I.	II.	III, a.	IV, a.	V, a.	Sel.	III, b.	IV, b.	V, b.	VI, 1.	VI, 2.	VII.	Summa.
Von Ostern bis Michaelis 1865.....	22	35	35	45	30	24	26	27	14	34	26	16	334
Von Michaelis 1865 bis Ostern 1866..	20	35	32	43	28	21	25	30	15	38	30	22	339

Unter den Schülern des letzten Semesters waren 125 Auswärtige, und zwar im Gymnasium 62, in der Realschule 43, in der Vorschule 20.

Uebersicht der aufgenommenen Schüler.

№	Namen.	Geburtsjahr.	Stand des Vaters.	Wohnort.	Aufnahme.
	Classe VII.				
1	Böning, Oscar	1859 Sept.	Kaufmann	Lübeck	Mich. 1865.
2	Buck, Gustav	1858 Nov.	—	—	—
3	Busch, Carl	1859 Juli	—	—	—
4	Culin, Edmund	1858 Sept.	Beamter	—	—
5	Esmarch, Harro	1859 Jan.	Gerichtshalter	Stockelsdorf	Ostern 1865.
6	Hermberg, Friedrich	1859 Dec.	Buchbinder	Lübeck	—
7	Karck, Carl	1860 Mai	Kaufmann	—	—
8	Melchert, Henry	1860 Sept.	—	—	—
9	Nipp, Ludwig	1859 Febr.	—	—	—
10	Pennau, Adolf	1858 Juli	Sergeant	—	Neuj. 1866.
11	Sager, Heinrich	1860 Juni	Lehrer	—	—
	Classe VI, 2.				
12	Crome, Carl	1856 Juli	Dr. jur.	—	Mich. 1865.
13	Crome, Friedrich	1858 Jan.	—	—	—
14	Gättens, Friedrich	1856 Aug.	Pächter	Gr. Medewege	Ostern 1865.
15	Meyer, Edmund	1858 März	Lehrer	Lübeck	Mich. 1865.
16	Mundel, Adolf	1856 Dec.	Beamter	—	Joh. 1865.
	Classe VI, 1.				
17	Bülow, Rudolf von	1856 Dec.	Gutsbesitzer	Karlshof	Ostern 1865.
18	Ehlers, Julius	1853 Dec	—	Kalkhorst	Mich. 1865.
19	Gättens, Heinrich	1854 Juni	Pächter	Gr. Medewege	Ostern 1865.
20	Grösser, Hermann	1857 Jan.	Gärtner	Lübeck	Mich. 1865.
21	Gruner, Justus	1854 Febr.	Kaufmann	New-York	Ostern 1865.
22	Hansen, Ingwer	1857 Febr.	Particulier	Israelsdorf	Neuj. 1866.
23	Meyer, Wilhelm	1854 Juni	Oberförster	Schwartau	Ostern 1865.
24	Rösing, Bernhard	1855 Aug.	Rentier	Lübeck	—
25	Sieverts, Ernst	1855 März	Apotheker	Ahrensböck	Mich. 1865.
	Classe V, b.				
26	Rösing, Edgar	1853 Febr.	Rentier	Lübeck	Ostern 1865.
27	Sieverts, Leonhard	1851 Dec.	Apotheker	Ahrensböck	Mich. 1865.
	Classe V, a.				
28	Baumann, Otto	1854 Juli	Kaufmann	Rehna	Ostern 1865.
29	Stockmann, Ludwig	1852 Juni	Gutsbesitzer	Altona	Mich. 1865.
30	Stockmann, Carl	1854 März	—	—	—
31	Vater, Gustav	1853 Juli	Forstrath	Seedorf	Ostern 1865.

№	Namen.	Geburtsjahr.	Stand des Vaters.	Wohnort.	Aufnahme.
	Classe IV, b.				
32	Amaral, Octaviano do	1849 Jan.	Gutsbesitzer	Campinas	Mich. 1865.
33	Amaral, Urbano do	1850 Juli	—	—	—
34	Eichholtz, Eduard	1852 Juli	Kaufmann	Newcastle	—
35	Garay, Carlos di	1850 Febr.	—	Buenos Ayres	—
36	Mundel, Wilhelm	1852 April	Beamter	Lübeck	Joh. 1865.
37	Wachsmuth, Julius	1853 April	Kaufmann	—	Ostern 1865.
38	Zietz, Otto	1852 April	—	—	—
	Classe IV, a.				
39	Brattström, Paul	1853 Aug.	—	—	—
40	Eschenburg, Theodor	1853 Aug.	Dr. med.	—	—
41	Falke, Christian	1851 Sept.	Kaufmann	—	—
42	Hindeldeyn, Paul	1853 Oct.	Gärtner	—	—
43	Jäde, Heinrich	1848 Oct.	Landmann	Offendorf	Mich. 1865.
44	John, Adolf	1853 Nov.	Rentier	Lübeck	Ostern 1865.
45	Leers, Hans von	1852 Aug.	Gutsbesitzer	Mühlen Eixen	—
46	Marskoff, Wilhelm	1852 Mai	Schiffer	Lübeck	—
47	Matz, Richard	1853 Aug.	Dr. med.	—	—
48	Meerheimb, Friedrich v.	1853 Oct.	Gutsbesitzer	Gr. Belitz	Mich. 1865.
49	Plitt, Carl	1853 Juli	Senator	Lübeck	Ostern 1865.
50	Rehder, James	1852 Mai	Kaufmann	—	—
51	Versmann, Heinrich	1853 Dec.	Apotheker	—	—
	Classe III, b.				
52	Levede, Ernst	1849 Mai	Pächter	Küting	—
53	Levede, Carl	1852 Mai	—	—	—
	Classe III, a.				
54	Fritz, Rudolf	1851 Jan.	Kaufmann	Malchin	—
55	Petri, Ernst	1850 Jan.	Lehrer	Lübeck	—
56	Reimpell, Friedrich	1850 Dec.	—	Mölln	—
57	Weidemann, Ludolf	1849 März	Gastwirth	Ahrensböck	—
	Classe II.				
58	Groth, Theodor	1849 Aug.	Zollverwalter	Schwartau	Mich. 1865.
59	Maltzahn, Axel von	1849 Dec.	Baron	Penschow	Ostern 1865.

Uebersicht der im Laufe des Jahres abgegangenen Schüler.

Aus Quinta B.
1. Hermann Mertelmeyer, s. S. 55.

Aus Quinta A.
2. Friedrich Lind, 14 Jahr, um Pfingsten, Umzugs halber nach Hamburg.
3. Albert Lind, 12 Jahr, desgl.
4. Gustav Zwand, 12 Jahr, desgl. um Johannis.

Aus Quarta B.
5. Paulo Bruhns aus Rio, 13 Jahr, um Weihnacht, auf die Petri'sche Schule.
6. Wilhelm Krellenberg, 16 Jahr, um Weihnacht, wird Kaufmann.

Aus Quarta A.
7. Abraham Auerbach aus Moisling, 17 Jahr, ohne Meldung weggeblieben.
8. Theodor Avé-Lallemant aus Warnemünde, 13 Jahr, im August nach Hause zurück.
9. Johann Capell aus Renfefeld, 16 Jahr, im August, wird Kaufmann.
10. Georg Meyer aus Hamburg, 15 Jahr, auf das Johanneum in Hamburg.
11. Alexander Schaposchnikof aus Moskau, 14 Jahr, um Johannis in die Heimat zurück.
12. Paul Waack, 14 Jahr, nach Ostern auf die Petri'sche Schule.

Aus Tertia B.
13. Gerhard Lomer aus Montreal, 15 Jahr, um Michaelis zur Marine.
14. Carl Rohde, 15 Jahr, um Michaelis, wird Gerber.

Aus Tertia A.
15. Julius Avé-Lallemant aus Warnemünde, 15 Jahr, um Michaelis in die Heimat zurück.
16. Adolf Kayser, 15 Jahr, nach den Hundstagen, wird Kaufmann.
17. Theodor Lind, 15 Jahr, um Pfingsten, Umzugs halber nach Hamburg.

Aus Selecta.
18. Wilhelm Eben aus Schwartau, 17 Jahr, um Fastnacht, wird Militär.
19. Georg Fontaine, 16 Jahr, um Weihnacht, wird Kaufmann.
20. Eduard Kohrt aus Medlenburg, 17 Jahr, um Johannis, wird Buchhändler.
21. Julius Plitt, 16 Jahr, nach Ostern auf eine Handelsschule.

Aus Secunda.
22. August Eschenburg, 17 Jahr, um Johannis, wird Landmann.

Aus Prima.
23. Alfred Burjam, 17 Jahr, um Johannis auf das Conservatorium in Leipzig.
24. Otfrid Sauppe aus Göttingen, 19 Jahr, um Pfingsten in die Heimat zurück.

Uebersicht der zu Ostern abgehenden Schüler.

Aus Septima.
1. Edmund Culin aus Hamburg, 7 Jahr, Umzugs halber nach Hamburg.
2. Wilhelm Culin, 9 Jahr, desgl.

Aus Unterferta.
3. Adolf Mundel aus Berlin, 9 Jahr, Umzugs halber nach Stralsund.

Aus Quinta B.
4. Robert Culin aus Hamburg, 11 Jahr, Umzugs halber nach Hamburg.
5. Peter Otto aus Damlos, 14 Jahr, Umzugs halber nach Schlesien.

Aus Quinta A.
6. Johannes Becker aus Hamburg, 12 Jahr, auf die Petri'sche Schule.

Aus Quarta B.
7. Julius Carstens aus Nusse, 16 Jahr, wird Kaufmann.
8. Andreas Culin aus Hamburg, 14 Jahr, Umzugs halber nach Hamburg.
9. Wilhelm Mundel aus Berlin, 14 Jahr, Umzugs halber nach Stralsund.

Aus Quarta A.
10. Ernst Krull aus Brasilien, 16 Jahr, nach Verden.

Aus Tertia B.
11. Eduard Bauer aus Upata, 16 Jahr, wird Kaufmann.
12. Carl Bluhme aus Lübeck, 16 Jahr, desgl.
13. Theodor Cowalsky aus Lübeck, 16 Jahr, desgl.
14. Max Faber aus Lübeck, 15 Jahr, desgl.
15. Ernst Fürstenau aus Sülfeld, 16 Jahr, wird Seemann.
16. Cäsar v. Hildebrand aus Osterade, 17 Jahr, wird Landmann.
17. Julius Pierstorf aus Lübeck, 15 Jahr, wird Knopfmacher.
18. Max Schmidt aus Lübeck, 16 Jahr, wird Buchdrucker.
19. Wilhelm Stolterfoht aus Riga, 17 Jahr, wird Kaufmann.
20. Emil Westphal aus Lübeck, 16 Jahr, wird Kaufmann.

Aus Tertia A.
21. Ferdinand Holm aus Lübeck, 16 Jahr, wird Buchhändler.
22. Wilhelm Leche aus Helsingborg, 13 Jahr, auf die Cathedralschule zu Lund.

Aus Selecta.
23. Robert Behrens aus Lübeck, 15 Jahr, wird Kaufmann.
24. Friedrich Cordua aus Lübeck, 16 Jahr, desgl.
25. Alfred Faber aus Lübeck, 15 Jahr, desgl.
26. Johannes Kluge aus Strohausen, 16 Jahr, wird Landmann.
27. Wilhelm Marty aus Lübeck, 16 Jahr, wird Kaufmann.
28. Hermann Ragel aus Lübeck, 16 Jahr, desgl.

29. Emil Petit aus Lübeck, 16 Jahr, desgl.
30. Adolf Sachau aus Kiel, 17 Jahr, auf die Gewerbeschule in Hamburg.
31. Gustav Vogt aus Paris, 17 Jahr, wird Kaufmann.

Aus Secunda.
32. Hermann Blohm aus Lübeck, 18 Jahr, wird Maschinenbauer.
33. Paul Kunhardt aus Lübeck, 16 Jahr, wird Kaufmann.

Aus Prima.
34. Friedrich Reding aus Gr. Welmsdorf, 18 Jahr, wird Landmann.

Es werden nach beendigtem Schulcursus mit dem Zeugniß der Reife entlassen:

I. Selectaner.
1. Henry von Bülzingslöwen aus Lübeck, 17 Jahr, in's Militär.
2. Stephan von Dewitz aus Cölpin, 20 Jahr, in's Forstfach.
3. Carl Dill aus Lübeck, 17 Jahr, wird Ingenieur.
4. Johannes von Rohden aus Barmen, 16 Jahr, desgl.

II. Primaner.
1. Johannes Amann aus Behlendorf, 22 Jahr, wird Theologie studiren.
2. Heinrich Busse aus Hambuug, 20 Jahr, wird Jura studiren.
3. Carl Dittmer aus Lübeck, 19 Jahr, desgl.
4. Johannes Ehlers aus Zickhausen, 21 Jahr, desgl.
5. Ferdinand Fehling aus Lübeck, 18 Jahr, desgl.
6. August von Ferber aus Melz, 20 Jahr, desgl.
7. Ernst Fischer aus Lübeck, 21 Jahr, desgl.
8. Theodor Hach aus Lübeck, 19 Jahr, wird Philologie studiren.
9. Theodor Holm aus Lübeck, 20 Jahr, wird Theologie studiren.
10. Theodor Meyer aus Lübeck, 19 Jahr, wird Philologie studiren.
11. Friedrich von Oerten aus Schwerin, 19 Jahr, wird Jura studiren.
12. Carl Wolff aus Neustadt, 19 Jahr, wird Theologie studiren.

Ordnung der Schulfeierlichkeiten.

I. Prüfung der Vorschule und des Gymnasiums.

Mittwoch den 21. März.

Von 9 bis 9½ Uhr.	VII.	Anschauung. Hr. Grube.
		Decl. Ludw. Mintes: Morgengruß im Winter.
		Carl Bruhn: Geträumt, von Enslin.
9½—10	VI, 2.	Biblische Geschichte. Hr. Meyer.
10—10¼		Gesang und Declamation.
		Decl. Wilh. von Duhn: Der Hirtenknabe, von Ramshorn.
		Adolf Munckel: Die Finger, von Enslin.
		Emil Böning: Die Forellen, von Förster.
10¼—10¾	VI, 1.	Latein. Hr. Lindenberg.
		Decl. Ant. Hageborn: Das Riesenspielzeug, von Chamisso.
10¾—11¼		Deutsch. Hr. Coll. Richter.
		Decl. Carl Gäberß: Das Kind am Falkenstein, von Bube.
		Herm. Griesbach: Wer nur den lieben Gott läßt walten, von Sturm.
11¼—12	V.	Latein. Hr. OL. Dr. Holm.
		Decl. Theodor Dugge. Canis et lupus.
		Gesang der zweiten Abtheilung.
		Die lange Nacht entfliehet ꝛc.
		Lobe den Herren, den mächtigen ꝛc.
		Ich hab' mich ergeben ꝛc.
3—3½	V.	Naturgeschichte. Hr. Grube.
		Decl. Ernst Curtius: Der blinde König, von Uhland.
		Gust. Böning: Die Erfrornen, von Rückert.
3½—4¼	IV, 2.	Latein. Hr. OL. Mollwo.
		Decl. Paul Hinckeldeyn: Die Gottesmauer, von Rückert.
		Curt Blitt: Der Schneiderjunge von Krippstedt, von Kopisch.
4¼—5	IV, 1.	Griechisch. Hr. Prof. Dr. Dettmer.
		Decl. Fritz Burmeister: Pythii feneratoris calliditas, aus Cic. off.
		III, 14.

Donnerstag den 22. März.

Von 9 bis 10 Uhr.	III.	Griechisch. Hr. Prof. Dr. Dettmer.	
		Decl. Carl Achilles: Xen. Anab. I, 9, 1—8.	
„ 10—10½ „		Geographie. Hr. Dr. Sartori.	
		Decl. Axel Brattström: Die Kaiserwahl, von Uhland.	
		Jul. Jürgens: Die deutschen Städte, von Max v. Schenkendorf.	
„ 10½—11¼ „	II.	Latein. Hr. Prof. Mantels.	
		Decl. C. Maslus: Achilles' Grab, aus Göthe's Achilleis.	
„ 11¼—12 „		Geschichte. Hr. Dr. Dr. Baumeister.	
		Decl. Jul. Staunau und Joh. Benba: Die Schlacht bei Salamis, aus den Persern des Aeschylus.	

Gesang der ersten Abtheilung.

1. Chor von D. Claudius.

Heilig ist Gott, der Herr Zebaoth, und alle Lande sind seiner Ehre voll. Hosianna in der Höh'. Gelobt sei der da kommt im Namen des Herrn.

2. Lied von Meno Rettich: Himmelfahrt.
3. Die Kapelle von Uhland und Kreutzer.

1.	2.
Droben stehet die Kapelle,	Traurig tönt das Glöcklein wieder
Schauet still in's Thal hinab.	Schauerlich der Leichenchor;
Drunten singt bei Wies und Quelle	Stille sind die frohen Lieder,
Froh und hell der Hirtenknab	Und der Knabe lauscht empor.

3.
Droben bringt man sie zu Grabe,
Die sich freuten in dem Thal.
Hirtenknabe! Hirtenknabe!
Dir auch singt man dort einmal.

4. Motette von Ferd. Möhring.

Ach, Herr, ich habe vertrauet, und erkenne dein Erbarmen. Ich bitte un Flehe, o hilf mir, Herr! Denn dich lobet alles Himmelsheer, und dich soll man preisen und rühm... ewiglich. Amen!

Von 3 —3¾ Uhr.	I.	Latein. Der Director.
„ 3¾—4½ „		Griechisch. Hr. Prof. Dr. Prien.
		Vortrag von Richard Krauel: über Kleist's Prinz Friedrich von Homburg.

Ausgelegt werden, außer Probeschriften und Zeichnungen, die deutschen und griechischen Arbeiten der Schüler, sowie die Abgangsarbeiten folgender Primaner:

1. Ferdinand Fehling: De praecipuis C. Julii Caesaris adversariis
2. Theodor Holm: L. Cornelius Sulla.
3. Theodor Meyer: Varia judicia a viris doctis hac potissimum aetate de Cicerone lata examinantur.

4. Johannes Amann: De vita, moribus et doctrina Jo. Hussii.
5. Carl Wolff: M. Porcius Cato Censorius princeps in omni virtute.
6. Johannes Ehlers: Aristides et Themistocles inter se comparantur.
7. Carl Dittmer: Quibus rebus adjutus Alexander Magnus regnum Persarum devicerit.
8. Theodor Hach: C. Julius Caesar.
9. August von Jerber: Veterum Germanorum mores cum Persarum comparati.
10. Friedrich von Lerßen: M. Porcius Cato Uticensis.
11. Ernst Fischer: De vita et scriptis Einhardi.
12. Heinrich Busse: S. Ansgarius.

II. Versetzungen, Reden und Entlassung.

Freitag den 23. März, Nachmittags 3 Uhr.

Gesang: Motette von Möhring: Frohlocket, ihr Völker ꝛc.

Nach den allgemeinen Einleitungsworten werden die Versetzungen verlesen und gemäß der Kindler'schen Stiftung zwei Prämien ausgetheilt. Der Selectaner Carl Dill trägt vor: The last years of George Stephenson, und nimmt sodann im Namen der mit ihm abgehenden Selectaner von der Schule Abschied, worauf dieselben ihre Abgangszeugnisse erhalten und mit den übrigen in's praktische Berufsleben oder sonst abgehenden Schülern entlassen werden. Darauf Vorträge der Abiturienten Theodor Holm: Charaktere aus den Nibelungen, und Theodor Meyer lateinisch: über die Tugenden der alten Deutschen. Abschiedsrede des Primaners Ferdinand Fehling, und Entlassung der zur Universität abgehenden. Zum Schluß: Gesang der Versammlung.

Die verehrten Behörden der Stadt und der Schule, die Angehörigen der Schüler und alle Freunde des Catharineums werden im Namen des Lehrercollegiums zu den Schulfeierlichkeiten ergebenst eingeladen.

Der neue Schulcursus beginnt Montag den 9. April um 10 Uhr mit einer Ansprache des Herrn Oberlehrer Mollwo.

Lübeck, den 12. März 1866.

Fr. Dreier.